本书的出版得到北京市教委共建项目『北京市创意产业小型企业公共服务孵化器研究』的专项资助。

文化创意企业孵化器

金融支持下对北京市的研究

Research on Beijing Cultural Creative Business Incubator Supported by Finance

刘克　张琦　编著

经济管理出版社

ECONOMY & MANAGEMENT PUBLISHING HOUSE

图书在版编目（CIP）数据

文化创意企业孵化器：金融支持下对北京市的研究/刘克，张琦编著. —北京：经济管理出版社，2019.11

ISBN 978-7-5096-6326-4

Ⅰ.①文… Ⅱ.①刘… ②张… Ⅲ.①文化产业—企业孵化器—研究—北京

Ⅳ.①G127.1

中国版本图书馆 CIP 数据核字（2019）第 249241 号

组稿编辑：王光艳

责任编辑：杜亦彤　李红贤

责任印制：黄章平

责任校对：陈晓霞

出版发行：经济管理出版社
　　　　　（北京市海淀区北蜂窝 8 号中雅大厦 A 座 11 层　　100038）

网　　　址：www. E-mp. com. cn

电　　　话：(010) 51915602

印　　　刷：三河市延风印装有限公司

经　　　销：新华书店

开　　　本：720mm×1000mm /16

印　　　张：11. 25

字　　　数：181 千字

版　　　次：2020 年 7 月第 1 版　　2020 年 7 月第 1 次印刷

书　　　号：ISBN 978-7-5096-6326-4

定　　　价：68. 00 元

前 言

PREFACE

　　本书以企业孵化器的一般分析为起点，通过界定企业孵化器以及阐述不同类型孵化器的共性和差异性，探讨了企业孵化器的内涵、发展历程和日渐完善的孵化器服务体系，发现孵化器目前已成为培育中小企业的重要平台和新兴产业孵化器的创新空间。同时，以"中关村示范区"和银企合作的表率——以北京银行为例，通过详述国家和北京市政府以政策引领文化创意企业孵化器发展的状况，强调构建政府支持体系的重要性；通过展现金融支持下北京市文化创意企业发展存在的主要问题，对北京市资金支持文化创意企业孵化器的发展提出相关建议。

　　本书在探索文化创意企业孵化器金融一体化发展模式推动金融产品和服务模式创新，构建国家文化创意企业孵化器金融创新高地，探索北京文化创意产业股权转让平台建设，促进文化版权推广、文化创意产业股权交易或流转等方面提出了有效的建议与思考，为推进北京文化创意产业和企业孵化器的发展提供了论据支撑。

　　本书的特色在于通过把创意产业、金融和制度打造成稳定的"三角结构"，阐明了创意企业孵化器与大金融及其他要素之间的关系，并用12个字加以概括：相得益彰、价值共生、共同发展。此外，还对传统企业孵化器与创新型孵化器的交叉重合发展进行了有益的探讨，具有很强的现实意义和参考价值。

刘　克　张　琦

2019 年 8 月 18 日于北京

目 录

CONTENTS

第一章

企业孵化器的一般分析

当下，越来越多的国家关注企业孵化器的研究和创建，研究重点也从概念和机理逐渐转为通过案例来衡量孵化器运作的效率。本章在对企业孵化器进行一般分析的框架下，着重说明国内外及笔者对企业孵化器的界定、北京企业孵化器的分类、"中关村示范区"的发展状况等。

第一节 企业孵化器的界定

一、权威机构的定义

(一) 联合国开发计划署的观点

在天津国际创业中心研讨会编制的《经济发展中的经济孵化器——发展中国家初步评估》的研究报告中，Rusta Lakaca 详细描述了企业孵化器。他指出，企业孵化器是扶持创业企业发展壮大有效而不昂贵的经济开发工具，旨在培育新企业、小企业家和有利可图的企业。该定义已成为联合国开发计划署对企业孵化器的正式定义。

这份研究报告还指出："这种环境有许多明显的特点：这里的民营企业经过慎重考虑，处于起步阶段，有发展潜力，每个租户都能在这里找到工作空间，享受商业运营所需的设施；一个专门的管理团队负责培训、发展和帮助新的企业家；这个环境也可以提供重要的专业服务，包括法律和经济援助、力所能及的租金和服务费。在孵化器中孵化三四年后，企业及企业家可以快速成长。"

（二）美国国家企业孵化器协会的观点

立足全球企业孵化器发源地的实际经验，美国企业孵化器协会（NBIA）提出："企业孵化器为初创型企业提供其成长所需要的'养分'，帮助其渡过最困难的阶段，存活并发展。孵化器为初创型企业提供量身定制的企业支持服务和资源。孵化器旨在扩大社区内就业，完善社区内创业环境，促进当地企业的发展以及经济生态环境的多样性。"

（三）中华人民共和国科学技术部的定义

综合吸收国外企业孵化器的发展经验，结合其落地中国十余年的发展实践，1999 年中华人民共和国科学技术部（以下简称科技部）发布了《中国高新技术产业发展报告》。在该报告中，科技部将企业孵化器描述为："企业孵化器为企业家提供了良好的创业环境和条件，帮助企业家进行发明创造，其结果将是尽快形成商品进入市场，提供全面服务，帮助新兴小企业快速成长，形成规模，为社会培养成功的企业和企业家。"

2000 年 4 月，科技部《关于加快高新技术创业服务中心建设和发展的意见》对企业孵化器做出了更深层的解读，将其定位为"通过促进科技成果转化的社会福利服务机构，培育高新技术企业和企业家。孵化器企业是高新区高新技术创业服务体系的核心组成部分和重要内容，也是培养高新技术企业和企业家的有效手段，是科技服务经济、培育新的经济增长点的重要举措"。

2003 年，科技部火炬中心将科技企业孵化器定义为"培育和扶持高新技术小企业的服务载体"①。一般学者认为，既然企业孵化器是一种为培育新生企业而形成的创新工具和手段，其孵化作用就是训练、支持和发展有成果的企业家和企业，并联想到企业孵化器的产品就是企业和企业家。如谢思全等就将企业孵化器视为一种产品制度，并提到由孵化器

---

① 资料来源：《科技部关于印发〈关于进一步提高科技企业孵化器运行质量的若干意见〉的通知》（国科发区〔2003〕96 号）。

"生产"高新技术企业和"产出"企业。可见，谢思全等是将被孵化企业作为企业孵化器的产品的。

科技部对企业孵化器的定义与定位，深刻地揭示了企业孵化器在科技与经济发展领域的地位和作用，有助于公众更好地认识企业孵化器。但是，随着企业孵化器所有制性质的多元化，其主办者或发起人也从单一的政府科技部门发展为高新技术产业区、大学科研院所、各类企业等多元主体。在如今的"众创"时代①，其社会公益型的界定早已被消解，科技领域的范围也已经被打破，理论发展亟需一个新的高度。

2018 年，科技部将科技企业孵化器重新定义为："科技企业孵化器（含众创空间等，以下简称孵化器）是以促进科技成果转化，培育科技企业和企业家精神为宗旨，提供物理空间、共享设施和专业化服务的科技创业服务机构，是国家创新体系的重要组成部分、创新创业人才的培养基地、大众创新创业的支撑平台。"②

科技部对科技孵化器的新定义主要有如下特点：一是范围更广阔。明确将众创空间等科技创业孵化载体纳入孵化器管理体系。新版《科技企业孵化器管理办法》把众创空间等各类科技创业孵化载体都纳入孵化器，这对众创空间而言是利好消息，使众创空间增加了孵化功能。此前，孵化器和众创空间是两个系统。二是内涵更丰富。提出了新时期科技企业孵化器的发展宗旨。三是定位更明确。为创业者提供空间、设施和创业孵化服务。

虽然各方对孵化器的解释不同，但都认为其是为了服务初期的中小型企业，提高中小型企业的孵化成功率。本书采用的是科技部对科技企业孵化器的最新定义。

---

① 2015 年 6 月，《国务院关于大力推进大众创业万众创新若干政策措施的意见》经国务院发布；2015 年 10 月，《中共中央关于制定国民经济和社会发展第十三个五年规划的建议》发布，习近平主席指出：在经济发展新常态中，应该大力促进时尚与消费产业的发展，促进文创产业进步并利用创新技术，应用创新型的商业模式发展各项产业。2016 年 5 月，《关于建设大众创业、万众创新示范基地的实施意见》全面布局了如何建设双创示范基地。

② 资料来源：《科技部关于印发〈科技企业孵化器管理办法〉的通知》（国科发区〔2018〕300 号）。

二、专家学者的代表性观点

（一）国外专家学者对企业孵化器的观点

1956 年，美国人约瑟夫·曼库索（Joseph Mancuso）创造了"企业孵化器"一词，他创建的巴达维亚工业中心（BIC）成为美国和世界企业孵化器的开端。企业孵化器作为一种新的企业发展模式，随着一种新的社会经济组织模式的出现而成为世界各国学者关注的焦点，各国学者对企业孵化器的具体内涵有自己的认识，随后就出现了许多不同的书籍和观点。Raymond W. Smilor（1987）认为，企业孵化器是通过为创业者提供支持服务，促进企业的建立和发展，满足创业过程中创业者多样化需求的创新体系。孵化器提供人力资源、管理经验、资金支持和指导服务，支持公司持续健康发展，加快创新研究成果的转化。

美国企业孵化器领域的专家马修斯博士和里斯博士于 1995 年合著了《成功企业孵化器的原则与实践》一书，这本书被美国学者称为"任何组织或个人创建企业孵化器的必备手册"。两位学者在书中提出，孵化器是一种企业辅助组织，为企业家提供合理的建议和服务，并根据需要成为其他资源和服务的转型中心。简言之，孵化器中的在孵企业可以共享空间，共享多种服务设施。因此，孵化器应包括三个部分：一是提供咨询服务和资源网络服务；二是提供共享服务；三是在租赁期内，租金可以按月计算，并可根据其他具体情况制定合适的租赁合同。上述观点主要总结了孵化器的外在特点，便于读者快速了解企业孵化器的作用。

德国学者对企业孵化器的界定是：在可以容纳几十家小企业的建筑里有各种各样的公共设施供企业家使用，如装备齐全的办公空间和会议空间、秘书和行政管理人员，全部的设施费用可以在创业者之间平均分摊，并能够享受优惠待遇。

除了美国和德国学者的界定，英国学者的研究也具有一定影响力。一些英国学者认为，企业孵化器是靠近研发机构的建筑物或一组建筑物，这些建筑为研究机构或商业组织的个人或团体提供短期的工作和生活空间，以帮助他们开展研究和开发活动。企业孵化器的功能包括三点：一是提供办公设备、会议室等公共设施；二是调查研究开发成果在当地经济中的应用可能性；三是向企业提供与税收、执照办理、市场业务等有关的建议，并指导它们融资，向危机公司揭示风险并提供技术支持服务。

（二）国内专家学者有关企业孵化器的观点

龚伟是中国第一家科技企业孵化器的创始人。他认为，定义企业孵化器必须考虑其外部、静态、物理和空间因素，并澄清孵化过程的内在、动态和非物理方面。孵化器属于特定的物理系统，该系统具有已建立的空间结构和相应的硬件设施，为企业成长（孵化）提供环境。在动态方面，孵化器是服务者和管理者为企业收集和提供资源的过程，涉及的内容随着公司的发展而变化，其发展的终点是被孵企业毕业或被淘汰。

这个定义，如果只有外部、静态、物理和空间概念，那么所谓的孵化器就像房地产企业一样，它的手段只不过是通过租房子来收取租金，孵化器企业就成了"吃瓦片"的；相反，如果只有内在、动态、非物理和系统概念，那么孵化器企业则是一个中介服务组织，是以咨询服务为目的的营利性服务企业。因此，孵化器应是上述两者的有机组合，并且是一个整体。只有通过两者的有机结合，孵化器才能实现公共福利和效率、服务和投资管理统一的目标。这一定义显然具有深刻的实践体会，辩证地指出了企业孵化器的本质。

景俊海提出，企业孵化器是一个系统空间，包含了中小企业生存和发展所需的共享服务内容。这个"系统空间"包括三个要素：一是孵化器；二是管理服务组织；三是环境。孵化器是创造就业、实施技术创新、实现技术成果转化的主体。管理服务机构由两个部分构成，一是企业孵化器的管理机构，二是其他各类服务机构。环境则由三部分构成：一是孵化器研发生产所需的场地；二是孵化器共享的业务服务和孵化器发展所需的协同服务；三是孵化器提供的系统空间。它可以有效地为所有的孵化器配置资源，为企业家提供合理的建议，降低创业者在创业初期的经营风险，提升新企业的生存和发展能力，将企业家培养成为成熟的企业家。这些观点清楚地揭示了企业孵化器的结构和功能，有助于读者加深对企业孵化器的结构性认识。

国内文献对孵化器的研究主要表现为：

①对孵化器定位的研究。苏竣、姚志峰（2007）提出了三螺旋理论。他们认为，孵化器最初的定位是为政府、大学和产业服务。②对孵化器

运营模式分类的研究。梁云芝（2010）提出了孵化器商业模式五要素分析框架、孵化器商业模式四象限图，根据商业模式将孵化器分为四类：简单模式、独占模式、价值链陷阱模式和资本模式。杨军（2009）通过对国内企业孵化器投入产出和集群的研究，分析了国内企业孵化器，提出了适合我国五类地区的企业孵化器运作模式。③对孵化器运营的评价研究。李昕等（2007）运用德尔菲法、模糊评价法、平衡计分法等方法，从绩效、成熟度和孵化能力等方面对国内孵化器的发展进行了评价。学者普遍认为，国内企业孵化器是我国创新创业的重要平台，可以在管理、技术和政府对接等方面提供支持。孵化器利用全方位的资源，提供创业援助服务，不断培育和发展创业型企业，对创新成果的产生具有促进作用。周哲等（2013）从经营主体出发，将孵化器分为三类：一是政府部门设立的非营利性孵化器，可促进经济发展，提高就业率；二是科研单位和高等学校为促进科研成果转化，以及学生实践和创业提供基地而设立的孵化器；三是以营利为目标而创办的孵化器。

企业孵化器有不同的名称，中国大陆通常称为企业孵化器和创业中心；中国台湾将其定义为创新孵化器或育成中心；欧洲称为创新中心；澳大利亚则称为创业中心。由这些不同的名称来看，企业孵化器定义的实质和核心内容是不同的，企业孵化器可从多个角度来界定。

（三）企业孵化器的本质

企业孵化器又称高科技创业服务中心、创业中心或创新中心，是一种新的社会经济组织形式。孵化器通过提供研发、生产经营场所，通信网络和办公共享设施（场所），先进的培训体系，政策咨询、融资、法律和市场支持及推广服务，降低企业创业风险和成本，提高企业生存率和成功率。

一般来讲，企业孵化器有两大分类和六个基本特征。两大分类：专业企业孵化器和综合企业孵化器。六个特征：一是面向的服务对象是特定的；二是可以提供孵化服务；三是有完备的公共设施；四是有创业孵化的场地；五是具有大数据库基础；六是具有投资能力。

三、中国企业孵化器的界定

通过前文的梳理和分析不难发现，国内外机构及学者的观点存在一定程度的差异，主要反映了中西方企业孵化器在性质上的不同。西方的企业孵化器多是以盈利为导向的企业，由公司、投资机构兴办，主要通过市场提供创新服务，帮助小企业起步，为社会创造财富和就业机会。中国的企业孵化器确切地说是一种创业平台，一种创业孵化平台，现在很多企业都有开设，如腾讯的众创空间等。孵化器主要以政府为主导建立，不仅局限于高新区、创业服务中心，它的触角将延伸到大学、科研机构和国家企业等领域。

（一）中国企业孵化器的界定

中国的企业孵化器，多由政府投资、设立或管理，主要依靠优惠政策支持小企业的建立和发展①。1987 年 3 月，武汉东湖新技术产业中心建立了我国首个孵化器。

过去 30 多年，在促进科技创新和经济增长等方面，我国企业孵化器发挥了显著作用，受到了政府的重视。

孵化企业，就是一个还不成熟的公司，在创业孵化器的帮助下逐渐成功，创业孵化器与入孵企业是互利共赢的关系，譬如，微影时代和腾讯众创空间之间就是相互合作又相互利用的。企业孵化器旨在促进高新技术型企业和创业企业的合作与交流，从而提高企业创业成功率，使在孵企业不断向纵深发展。企业孵化器因自身发展阶段各异，承担的使命不同，其性质也有所不同。"双创"时代，在创意经济蔚然成风的背景下，既要研究那些承担政府任务、达成政府目标的传统公益性高新技术产业创业服务中心，同时还必须关注承担其他任务，满足经济需求，实现多重目标，与社会主义市场经济体系充分融合的非公益性或有利可图的企业孵化器。

（二）中国企业的孵化模式

1. "内生型"模式

"内生型"是一种内部创业孵化模式，通过搭建创业平台，支持企业内部员工转型，并不断孵化创业公司，这是一种内涵式的成长模式。

---

① 我国最早的孵化器政策文件是 1994 年出台的《关于对我国高新技术创业服务中心工作的原则意见》（国科发火字〔1994〕304 号），而孵化器事业则肇始于 1987 年的武汉东湖新技术产业中心。

2. "外生型" 模式

"外生型" 是通过并购的方式将外部创业公司并入自己的生态圈，这是一种外延式的扩张模式。

3. "内外共生型" 模式

"内外共生型" 模式兼具内生和外生两种模式，将内部孵化和外部并购相互融合。以海尔、阿里巴巴为代表的世界级企业都采用此种模式，即通过 "双轨道" 模式来扩展自己的平台生态系统。

（三）孵化器的孵化服务内容

创业项目通过孵化机构评审后就可进驻孵化器享受孵化服务了。概括来讲，创业孵化器为创客提供的服务主要有三类：

1. 硬件基础服务

说得具体点，就是为创客提供硬件创业场地，包括小型办公室，公共会议室，生产、技术研发场地，水电暖管理和保安清洁娱乐等服务。

2. 软性基础服务

创业孵化器协助入驻企业办理工商注册、项目立项、税务登记等事宜；聘请创业导师，为入驻创客提供创业辅导、管理咨询、企业诊断等服务。这类服务一般都由成熟的第三方机构提供，所以孵化器要做的就是帮助企业筛选性价比高、响应速度快的机构。另外，有些企业孵化器还通过讲座、沙龙、研讨和项目路演等多种形式，开展企业管理、项目申报、资金融通、文化建设、人力资源管理等培训，提升入驻企业创业能力，帮助企业引进、培训各类专业人才。

3. 软性增值服务

软性增值服务主要包括产品咨询和商业咨询。产品咨询包括产品形态、目前功能、用户数、用户反馈、下一版功能、产品团队情况等，目的是为协助创客团队一起做出用户真正需要的产品和服务。商业咨询包括产品推广和下轮创业融资，目的是协助创客团队实现产品和服务的推广。

在以上三类孵化器服务中，软性增值服务是孵化器提供给创业公司最重要、最独特的服务内容。这部分的服务工作，需要孵化器运营人员自己来做，团队成员要有较丰富的行业经验和人脉关系，形式上和行业研究很相似，业务上和咨询公司很相似，一般的创客空间无法满足这种要求。

以上介绍的三类孵化器服务内容是相对显性的，真正无形且最重要的服务内容是塑造一种创客文化，让有创客精神的团队在经历上共同成长，在资源上共同分享，在技术上互相帮助。

(四) 企业孵化器的一般社会意义

企业孵化器要成为科研成果转化为商品的基地、培育高新技术产业人才的学校、高新技术产业服务体系的组成部分。从具体操作角度出发，各类企业孵化器首先是要降低创业成本，使那些想要创业又无法达到较高创业门槛要求的人能够创业，这是企业孵化器功能的第一个层次。第二个层次就是不仅要使新办的企业成活，而且要使其健康、快速地发展，这就要求孵化器引导被孵化的企业增加价值，为其提供增值服务。简言之，首先是"降低"，其次是"增加"。

那些风险投资性的科技企业孵化器为提高孵化成功率，引入了导师辅导这一过程。从孵化器价值链的分析中可看出，导师辅导构成了创业孵化器创造价值的关键环节，可以实现孵化器与孵化企业的价值传递。同时，专业性的导师辅导也是构成企业孵化器核心价值最重要的部分之一。

(五) 北京应重点发展的孵化器

一是院所相关的专业孵化器，其重点是产品熟化和产业化。中科院的那些研究所，都应当有若干个专业孵化器。二是大学相关的孵化器。北京有很多好高校，但相关的好孵化器不多，甚至有很多高校没建孵化器。院所高校是北京最大的资源优势，全世界没有任何一个城市可以与其媲美，发展孵化器一定要很好地发挥这方面的优势。要注意，以上两类我们用了"相关"，意思就是利用这些机构的资源，包括设施、人力、知识、文化传统、成果，不必由高校院所独自去做，更好的方法是与第三方组织合作，以市场化的方式运作。三是风险投资和大型集团企业孵化器。央企、转制院所、民营大企业，天生是做孵化器的"坯子"。但目前，大企业基本没认识到孵化器对自身发展的价值。四是国际化。应当建设好一批做跨国孵化的机构，这是北京作为国际交往中心的题中应有之义。北京的选择应当是：重点发展兼具内生和外生两种模式的内部孵化和外部并购相互融合的"内外共生型"孵化器。

第二节　企业孵化器的发展与运作

一、企业孵化器的发展

（一）企业孵化器发展的四个阶段

从全球范围及发展趋势上看，企业孵化器本质上是一种商业模式，一方面培育新企业，另一方面则通过孵化企业的成长来实现自身的增值，后者是其根本立足点。该本质的逻辑其实就是孵化器企业将市场和技术的变化融合到商业价值中，持续实现真正的产品和服务创新，形成自己的行业专用运行机制。通常而言，企业孵化器的发展可以分为四个阶段：

1. 第一阶段

这是企业创建阶段（筹办阶段）。企业刚刚起步，没有收入，花钱不多，管理团队欠缺。在一年左右的时间开展各种调查研究，确定办公地点，开始接受企业申报。一般来说，这一阶段应制订详细的工作计划，包括可行性论证、运行计划等。

2. 第二阶段

这是企业的成长阶段，也称苗圃阶段。在这一阶段，企业的产品或服务逐渐进入转型阶段，少数客户开始尝试，经营资金不断增加，但此时仍只有投入没有收入。该阶段大致有两种情况发生：一方面，孵化器以实际经济效益为导向，很少考虑创新事宜。为了尽快吸引企业入孵，实现盈利，在孵化器接收企业进驻方面常有"萝卜快了不洗泥"，良莠不齐等现象发生。在此情况下，不少孵化器与租户企业之间的关系庸俗化，为普通的房东与租户关系，这种情形近年来已经大幅减少。另一方面，单个或几个创客产生的一些创业想法会在特殊的企业孵化器——众创空间内进行交流，这个培育创新创业人才的基地——"苗圃"，即处于发展初始阶段的企业孵化器。这个阶段，未成熟的创业项目得到发展，创业人员的创业技能得到提高。企业通常在第二阶段实施其市场开发计划，完成产品定型。

3. 第三阶段

这是企业的孵化器阶段，通常又可以分为两个时期。第一个时期，企业开始销售产品和服务，生产、营运已初具规模，但支出仍然大于收入。入孵企业加大研发力度，扩大生产线，拥有了自己的销售队伍，进一步开拓市场，对融资有着强烈的需求。第二个时期，孵化器实现收支平衡，进入业务稳定时期。创客的创业想法在"苗圃"扶持下逐渐成熟，创客会向企业孵化器提出入孵申请，孵化器收到申请后，会审核其申请内容，审核通过或同意创客入孵后，就着手与创客建立业务合作关系。之后，孵化器参与企业管理，并为其提供服务。一方面，企业孵化器会减免创业者使用基础设施的费用，提供包括企业注册、法律咨询、会计审计、金融知识培训等方面的基础服务；另一方面，孵化器依据入孵企业毕业的标准与程序，积极推进研究开发、信息交流，整合大学、政府、产业内的创意资产和创业资源，加强发明人、创业者、科研人员与决策机构之间的联系，加速成果转化。这一阶段，企业的活力大大提高，快速成长。

4. 第四阶段

这是企业的加速器阶段，也称为"毕业阶段"。不同于孵化器阶段的服务，这一阶段更强调相关产业聚集，可以提高中小型企业发展的速度。加速器阶段提供的服务主要是整合资源，满足企业对运营空间、管理服务、互助合作、知识培训等的个性化需求。这一阶段，企业的销售收入开始超过生产成本，产生净利润，孵化成功。

(二) 企业加速器与企业孵化器的区别

部分学者认为"孵化器"和"加速器"两个名词可以替换使用，"加速器"一词是对孵化器的一种更新，是更时尚的表达方式，但我们认为"加速器"与"孵化器"是存在区别的：

1. 从服务对象来看

企业加速器将入孵企业定位为成长型企业，它们正准备进入国内或国际市场，而企业孵化器的服务对象为初创型企业。

2. 从提供的资源来看

企业加速器需要提供的资源包含但不限于帮助企业寻找高科技人才；

提供管理方面、商业发展、企业融资方面的辅导；提供投资前景分析；为企业必需的 IT 基础设施以及 IT 技术支持。而企业孵化器为企业提供的资源一般是教育性质或者学术性的。

3. 从企业的退出来看

企业孵化器规定入住企业在一定时间之后需离开孵化器，而加速器在此方面没有明确的要求，通常鼓励企业留在加速基地内。

总的来说，加速器是孵化器的一种优化形式，是具有加速作用的孵化器。

(三) 对企业孵化器成功孵化标准的评判

目前，对企业成功孵化的标准尚无一致的量化定论，"毕业"标准多为定性标准。美国企业家协会认为，判断入孵企业成功与否，财务状况是唯一标准，财务独立才是企业生存的王道。周继忠、刘腾等中国学者认为，在孵企业成功被孵化的标准不只有财务的独立性，还包括其他能力。他们认为，企业的财务生存能力和管理能力不足以保证企业成功孵化，还应考虑其技术创新能力和竞争力；这两种能力也应成为检验企业能否成功孵化的关键指标。因此，企业的成功孵化应从四个维度来考察：独立的财务生存能力、管理方式、技术创新能力和核心竞争力。当企业能不断创新创造，推动价值改变的时候，它的成长速度就更快。

中国和西方学者观点的不同在于：西方学者重视在孵企业财务上的独立性，而中国学者则关注在孵企业的综合能力。原因是西方国家的孵化器本质上是创新能力的培养者，企业只要财务独立，孵化就会成功，而中国企业的孵化器则更像是一个"温室"，在孵企业在一个适宜的环境中发展壮大，在孵企业只是在财务上的独立，并不代表其能够在市场竞争中脱颖而出，对入孵企业的管理能力、技术创新能力和竞争力提出了更高的要求。

上述对中西方企业"毕业"标准的研究，清楚地勾勒出企业成功孵化的参考价值、方向和范围，具有一定的学术意义。其共同缺点在于缺乏量化指标，可操作性差。北京师范大学颜振军教授尝试量化企业"毕业"标准，对国内企业孵化器的实际运作具有一定的指导意义。他提出，企业的孵化标准应包括五个方面：一是孵化时间一般在三年左右，最长的是五年；二是科技成果的商业化，即企业要完成转型，实现科技成果的商业化，即科技成果在孵化器内转化为样机或者样品；三是市场相对稳定；四是完善的管理机制；五是充足的资金。

二、孵化器的企业化运作方式

（一）资源支持

（1）孵化器提供办公场地，收取租金，定期举办创业培训等活动。这种形式下，孵化器更多发挥的是平台的作用。

（2）有些大企业鼓励内部创新、员工创业，会利用现有的各种资源帮助创业者。如 TCL 集团对"十分到家"除了提供创业资金外，还提供 TCL 旗下所有家电售后门店提供的配套服务；百度、腾讯旗下都有类似的孵化器。

（二）进行天使投资

孵化器进行天使投资，可能是投入资金，也可能是投入场地、设备等硬件设施，甚至可能只是提供"软件式"的服务，孵化器的天使投资持股一般会在 20% 以内。以旷视科技为例，2013 年北京旷视的三位创始人在开曼群岛注册了旷视科技，由旷视科技通过合约控制经营主体北京旷视，在此后六年左右的时间，旷视科技 A 轮融资得到李开复的创新工场支持，B 轮到 D 轮融资，引进了启明创投、蚂蚁金服、富士康、SK 集团、中俄投资基金、中银投资等，囊括了民资、外资和国资在内的一系列投资巨头。

（三）融资服务

孵化器会为创业企业提供专门的融资服务，会签署《财务顾问协议》，利用其拥有的投资资源，在企业完成融资后收取一定的服务费，2%~5% 不等，具体看创业企业的实际情况和协商的结果。

此外，一批发展较快的众创空间通过连锁经营或品牌输出迅速扩张，形成网络化态势，高成长、新模式的创业企业开始涌现。

第三节 企业孵化器的分类——以北京为例

按照国内外的经验，根据多种维度，企业孵化器可被分为多个类型。首先，按服务对象分类，企业孵化器可分为综合性企业孵化器（创业中心）、专业性企业孵化器（软件园等）、国际性企业孵化器、面向对象的企业孵化器（大学科技诺利园、留学生创业园）等。其次，按投资主体分类，企业孵化器可分为政府主办的孵化器、企业主办的孵化器、高校或科研机构主办的孵化器、多主体共同投资的孵化器等。最后，按功能特色分类，企业孵化器可分为以基础设施和互联网为基础的虚拟孵化器和特殊形式的众创空间——创新型孵化器等。

一、依据服务对象、功能特色分类

由于不同的企业孵化器在服务对象和功能特色方面时有交叉，且各类孵化器的业务不断融合，故本书把它们放在此一并探讨。

（一）综合孵化器

所谓综合孵化器，也称高新技术创业中心，即可为刚成立的中小型企业提供办公场所、厂房和设备的创业中心。综合孵化器不仅为科技成果转化和孵化企业提供场地、设施和相关服务，还为孵化企业培育创新型人才提供员工培训、咨询等服务，培养和帮助那些机制灵活、创新能力强、前景看好的企业和企业家。国内首家企业孵化器——武汉东湖新技术创业中心即属于综合孵化器。

风险投资和大型集团企业设立的孵化器一般是大型综合性服务孵化器，如启蒙之星、联想之星等。这类孵化器包括清华科技园、创新工场、车库咖啡、天使汇、3W 咖啡、企业家、36 氪等国家大力发展的战略性新兴企业，为企业家提供全面服务。这类孵化器主要是在政府划定的特定区域内建设好办公设施，邀请企业入驻，提供一定的扶持政策。

北京有很多综合性孵化器。其中，丰台园区科技创业服务中心（丰台科技园）较具代表性，形成了强大的产业集聚效应，在北京南城战略中发挥着越来越重要的作用。另一个比较出名的综合孵化器即中关村东升科技园，它是中关村区块引进先进科技园创办理念的示范典型。

（二）专业孵化器

专业孵化器是一种新型高新技术企业孵化器，在综合性企业孵化器基础上发展而来。在特定技术领域，创新型高科技企业成为此类孵化器的关键服务目标。

以清华科技园为代表的创业园不仅包括其投资的企业，还包括其他企业。科技型企业在这里可以轻松快速成长，在资金上得到清华科技园的鼎力支持。近年来，涌现了一批龙头企业孵化器，科大讯飞、海尔等大型企业也进入了孵化器行业；兴起了研发机构加孵化模式，如清华研究院、南京激光研究院、西安光学机械研究院等新兴研发机构，通过孵化平台孵化，转化科技成果。如今，孵化器的种类越来越多，一些大企业也在参与双创、深化服务、创新模式。奥宇孵化器经过不断探索和深化，创建并构建了"苗圃+孵化器+加速器"三阶段全过程孵化体系。其不仅硬件设施完善，还不断完善和创新"投融资、创业引导、科技支撑"等具有奥宇特色的"3+1"孵化服务模式，打造服务平台，形成了以集聚科技和服务资源为载体，为企业提供针对性服务的系统。北京有一大批专业化的孵化器在朝着这个方向发展。生命园孵化器是国家生命科学与新药高新技术产业创新基地和国际生物医药高新技术园区，被国家发改委认定为"北京国家生物产业"核心区。

中关村集成电路设计园（IC PARK），虽然建筑面积仅有22万平方米，但在一年内却吸引了包括比特大陆、兆易创新、兆芯、文安智能等龙头企业在内的50余家集成电路设计企业，总产值达248亿元，创造了北京近50%的集成电路设计产值。面对这样的产业，IC PARK用短短几年的时间就构筑起了一个新的产业生态："孵化+学院+基金"产业生态。一个园区成功的关键是吸引优秀企业入驻，与产业组织、产业服务构成产业生态，并让产业生态"反哺"企业做大做强。为此，IC PARK在进入运营期之后将最大的精力投注到了产业生态的构建上，夯实了以产业平台为支撑，以"孵化+学院+基金"为节点的产业生态体系。

IC PARK设立了3000平方米孵化器"芯创空间"并开始运营。小到一两个人、多到十几个人的 IC 设计企业，都可在园区进行独立研发或与园区内的大公司展开合作。孵化器还配有阵容豪华的导师团队，辅导创业者。首先，IC PARK 成立认股权池。IC 企业进驻，园区会和企业签署认股权协议，不约定认股权价格，但约定在企业下一轮的增资扩股中园区享有优先认股权。这样一来，园区不再是入驻企业发展的旁观者，两者通过股权方式建立起了血缘关系，以国资园区的背景促进企业融资。其次，IC PARK 成立了总规模 15 亿元的中关村集成电路产业基金。IC PARK 不寻求控股，一般持股在 3%~5%，为企业提供融资支持，也和企业共同成长。

2018 年，专业孵化器约占全国孵化器总数的 40%。虽然专业孵化器数量不多，但政府一直在这方面不断推进，逐步引导专业孵化器的发展和产业化，使专业孵化器吸纳了更多的社会资金。企业兴办的众创空间呈现出良好的发展循环状态，像猪八戒网、阿里系、腾讯、京东等进行创业孵化，培育了大量优质企业，推动了传统产业的升级。目前，孵化器除了向专业化和产业化发展，还在向国际化的方向发展。

（三）虚拟孵化器

该类孵化器指创业公司利用先进的网络技术，突破孵化区的限制，为在孵化区以外的非进驻企业提供发展所需的支持及服务，是提供全方位线上服务的平台，即使用电子信息技术将中小型企业及其相关的社会资源进行有效链接的新型综合系统。简单地说，虚拟孵化器就是指"有型企业+无型服务"。

虚拟孵化器基于互联网和移动互联网，以"互联网+"的模式对那些从事新技术、网络和知识融合的初创企业进行孵化培育。3W 咖啡、创业工场、科技殿堂等新型企业孵化器就属于虚拟孵化器。

3W 咖啡于 2011 年 8 月开业，是由中国互联网领域的企业家和投资者组成的人际网络圈。3W 咖啡商务作为一个企业管理组织，包括俱乐部、企业公关、天使投资和咖啡馆。在日常生活和商务活动中，3W 咖啡可提供一个第三空间，让人们稍事休息，然后轻松地去交往。除了咖啡馆的外部形式外，3W 创新媒体、猎头服务、孵化器构成了 3W 咖啡的多元化发展路径。其目前服务于 6 万家企业，大多是 50 人以下的初创企业。3W 咖啡组织了一系列以网络营销、电子商务、互联网投资为主题的高品质网络及圈子，分享知识沙龙，邀请各领域企业家参与共享，成为行业精英聚会的最佳场所。

中关村科技园创业大街——中国的"硅谷"，聚集了不少同类的咖啡馆，如车库咖啡、贝塔咖啡等，3W 咖啡馆服务于同样行走在科技前沿的特殊消费群体，没有点"特殊技能"恐怕很难取胜。市场上的创客咖啡馆，在设施环境方面与普通咖啡馆并无大的区别。但是，3W 咖啡馆墙面的镂空处装饰着各个互联网公司的形象公仔，每一位进门签到的顾客的名字都会显示在店里的微博墙上。

北京 3W 咖啡馆里经常有互联网的发布会或者技术讲座，就连咖啡的名字都以不同的互联网网站的名字命名。3W 咖啡馆的负责人表示，他们的新店还将配备 3D 打印机、谷歌眼镜（Google Glass）等电子产品。你甚至无法想象，一家咖啡馆的厕所墙面，都是用键盘做成的马赛克。这还只是外在的细节，从内在来看。3W 咖啡馆在自身品牌定位方面也的确没有辜负互联网主题创客咖啡馆的名号。

市场上，大多数创客咖啡馆对环境的要求都是极简的，甚至可以说是随意的。但 3W 咖啡馆却小巧精致，采用小清新的装饰风格。在给创业者提供日常洽谈场所的创客咖啡馆中，车库咖啡深得创业者的喜爱。3W 咖啡虽为后来者，但凭借发布会与专业讲座等活动，以拉动、聚集、整合的方式，为创业者提供了更加广阔、专业的交流平台。

在深圳，3W 咖啡店有上下两层，分为专业会场、单独的消费区、小型会议室、正在装修的联合办公区等。北京的店则分三层：第一层是纯粹的咖啡馆，供散客使用，不会被任何活动打扰。第二层分为两个部分，一个是可承载 200 多人的专业会场，另一个是 VIP 区。VIP 区非常安静、私密，为那些有私密安静环境要求的公司提供服务，比如谈融资、谈交易细节等。第三层是创业孵化器，3W 咖啡管理团队及未来入驻 3W 咖啡的创业团队都在这里办公。

作为创客咖啡馆，3W 咖啡将互联网作为其运营主题，糅合专业的咖啡馆管理方式后，终令咖啡馆的经营回归其商业本质。

（四）创新型孵化器

经过多年的积累，孵化器形成了一个特殊的形态创造空间。创新型孵化器形成了平台企业孵化器、创业咖啡、创业媒体、创业社区等多种孵化形式，共同构成了市场化、专业化、一体化、网络化的"创意空间"，为企业家提供沟通和办公基础设施。

从区域来看，创新型孵化器主要集中在风险投资非常活跃的北京、上海和深圳，尤其是中关村。2011年以来，在科技部的指导下，中关村培育了以创新工厂、车库咖啡、创意空间等创新孵化器为代表的"大众创意空间"，旨在打造"全球最具吸引力的创业中心"。这些新的孵化器可以为创业者提供工作空间、网络空间、社交空间和资源共享空间。这些新型孵化器具有各自的机制、特点和服务模式，把创新创业的各种要素凝聚、融合在一起，发挥每个人的创业精神，营造出干实事的场所，成为创新经济的新生力量。根据功能特点，这些孵化器大致可分为以下五类：

1. 投资促进型

此类型孵化器也可称为开放空间类型孵化器。该类型的孵化器为企业家提供办公空间，以及共享的办公设备和空间，收取低成本的租赁费用。孵化器定期邀请企业教师举办沙龙或讲座，回答企业的问题并为企业家提供建议。一般来说，它可以分为两种类型：咖啡厅型和办公空间型，如创新工场、车库咖啡等，集中解决初创企业最迫切的融资问题。

作为一家创业服务机构，车库咖啡令人费解。从直观形式上讲，车库咖啡只是一个咖啡馆，但它的本质是企业家生活、交流和工作的场所，同时也为其他关心创业、帮助创业的组织和个人提供接触的场所。许多大公司都是从车库起步的，比如谷歌、戴尔、惠普和苹果。中国的车库咖啡也是一个草根创业聚集地，致力于降低初创企业的办公和社会成本。中国第一家车库咖啡于2011年春季开张，创业者只要买一杯咖啡，就可以享受一天开放的办公环境。在车库咖啡的创业氛围中，创业者可以更好地组织创意，整合资源。自成立以来，车库咖啡已使许多企业家获得了天使投资。

具体而言，车库咖啡为创业者提供的资源包括免费使用企业资源服务套餐——半年至一年免费接入云服务器（包括阿里云、新浪云、雅派云等），享受绿色通道服务、招聘服务、法律咨询等30多项创业服务，以及别具特色的头脑风暴活动、创业团队股权架构设计等，这是面向车库会员俱乐部会员的专属活动。会员俱乐部包含了多个行业、不同领域、多种背景的创业精英群体和项目。

2. 培训辅导型

这种类型的孵化器也可以称为"天使+孵化"型孵化器，通常由私人资本或教育机构（如主要风险投资家或大学）主导。注重对创业者的创业教育和培训指导，旨在提高创业者的综合素质，利用丰富的人力资源，引进成功的创业者，邀请知名企业家、风险投资家、客户、大企业高管或具有丰富行业或创业经验的风险投资家担任指导企业创业的导师，传授企业管理、产品设计和发展战略经验。这种新型孵化器的典型代表是创新工场、联想之星、启蒙之星孵化器、鸿泰创新空间、清华 X-lab 实验室等。

创新工场是李开复博士于 2009 年秋创办的早期投资机构，旨在帮助年轻人成功创业，为创业者提供各种创业服务。创新工场作为创业平台，不仅提供创业所需资金，还为小企业提供创业指导、市场销售、人才引进、科技创新、法律咨询、融资支持和市场推广等"一站式"创业服务。

创新工场的投资方向为信息产业的前沿领域，如移动网络、数字娱乐、线上教育、智能家电、电子商务、云计算等，所涉及的投资阶段包括种子轮、天使轮和 A 轮，对 B 轮进行有针对性的投资。创新工场的资金来自世界各地的投资者，包括专业和战略投资者以及知名的家庭和个人。创新工场投资中国顶尖的企业家。在被投资的企业家中，既有负责产品、技术、推广等工作的大公司高管，也有多次创业并取得良好业绩的企业家。

经过几年的发展，创新工场被誉为科技企业家的摇篮。它一方面帮助企业家拓展了一批具有市场潜力和商业前景的产品，另一方面培养了一大批创新型人才和高新技术企业。其组织创新研讨会旨在通过综合支持、顶级服务、全球视野和资源，帮助企业家最大限度地实现其创业理想，同时同中国的创业者、投资者、政府、企业等并肩打造健康、优秀的创业生态。

3. 媒体延伸型

媒体创新孵化器，是指依托庞大的媒体平台以及对创业环境和科技型企业（包括综合创业和科技创业）的长期跟踪报告，为创业者提供传播、信息、投资和其他资源等服务支持和帮助的孵化器。这类新型孵化机构的榜样企业有创业家、创业邦及 36 氪等。

创业邦是中关村核心区的新型孵化器，成立于 2007 年初，由美国国际数据集团和清科集团合伙投资建立，致力于把全球最潮的产业趋势、商业机会以及国际创业者的经验引介给中国创业者，帮助他们拓展视野、同全球和时代接轨。

与创业邦一字之差的创业家也是依托于杂志的中小企业综合创业服务平台，《创业家》杂志于 2008 年 8 月创办，期刊以及微博微信客户端，跃升成为高新科技领域九成多创业者钟情的创业信息终端，极大地提升了初创企业的生存能力。

36 氪传媒旨在提供覆盖全球一级市场的宏观数据分析、政策解读、行业预测、投融资分析等服务，挖掘有投资价值的公司，采取"线上+媒体+融资"孵化模式，成为互联网创业人员的一方净土。互联网消除了地域距离，组织去中心化成为趋势，传统的科层式组织模式将被彻底颠覆，组织将从"流程型组织"向"生态型组织"转型；物联网的兴起让万物互联互通成为可能，连接力成为组织的核心竞争能力，这将重塑企业的生产方式、价值创造模式，"以产品为中心的大规模制造"将向"以用户为中心的大规模定制"转型。36 氪传媒是深度参与科技创新产业链的内容服务商、产业链资源的整合者、创新生活方式的缔造者，愿景是打造国际领先的科技创新综合生态服务体系。就像有华尔街就有《华尔街日报》一样，有互联网和科技创新就有 36 氪传媒。

4. 专业服务型

专业服务型也可以称为垂直产业型。这种新型孵化器是在行业龙头企业的基础上打造的，通常为移动互联网企业服务，提供产业社交网络、专业技术服务平台和产业链资源支持，协助优质创业项目对接资金，确保互联网创业者成长。数字化这个概念的核心是速度和时间，不再是我们从前想的资源和能力。工业时代，我们很多时候要考虑资源、核心竞争力。但数字化时代，不是从资源看，也不是从能力去看，而是从变化和变化的速度去看。数字化时代和工业时代最根本的区别，就是对时间的理解不同。亦庄云基地、中关村云基地、微软云加速器、百度开发者创业中心、诺基亚体验中心都是这类新型孵化器的典型代表，基本完成了北京云计算产业的布局。

此外，海淀区高校、科研院所聚集，产业环境优势凸显，IC PARK有望成为世界一流的 IC 专业园区，成为引领海淀北部发展的新引擎，助推海淀高质量跨越式发展。中关村集成电路设计园作为国家级的专业特色园区，通过设置产业基金、打造综合服务平台、构建产业孵化器和人才培训体系等系列措施，不断完善产业生态体系，全面提升创新生态的能力和水平。中关村集成电路设计园聚焦于芯片"设计"环节，是精品专业特色园区，开园以来吸引了包括比特大陆、兆易创新、兆芯、文安智能在内的50余家集成电路设计企业，园区总产值达248亿元，创造了北京近50%的集成电路设计产值。园区用先进的规划理念和成熟的商业运作，不断提升产业配套服务能力，为IC企业和人才提供了优良的基础设施。目前，园区已聚集品牌餐饮、商业服务、专业科技馆、图书馆等全方位产业配套设施，凸显真正的产服融合。

5. 创客孵化型

（1）创客空间。洛坎登普西（2015）提出，创客空间是一个以"共享"为理念重新分配资源的地方。创客空间为创客提供廉租房及低成本、专业的创业服务，实现资源的合理配置。相比于西方对"创客空间"的理解，国内学者对"创客空间"有了更多的认识，这是"互联网+"时代中国本土化的产物。张娜（2015）认为，众创空间是创客空间的中国化发展道路，有其独特的内涵和功能。她指出，众创空间是"创客空间+创业孵化空间"，体现了"互联网+"时代创客空间网络化、平台化的特点，突出空间主体"众"。刘志英、陈庆祥（2015）认为，为所有人创造空间是创新"2.0时代"的必然要求。离线创新创业平台与在线创业平台相结合，为初创企业提供了专业化、廉价的创业服务，可以被理解为"线上线下互助组织孵化器"。许广林、林功勤（2016）认为，为所有人创造空间是推动双重创造的重要引擎。构建中国化的创业孵化新模式，是推动我国经济转型和产业结构调整的新动力。

创客空间对社会教育、经济及创新文化的发展有着重要作用，其发展定位、服务设施、商业模式与企业孵化器存在显著差异。可以认为，创客空间既是企业孵化器存在的基础又是其功能的延续，它们之间的存在关系如图1-1所示。

（2）众创空间。鹿小鹿（2016）提到，众创空间可以与传统孵化器一样以物理空间的形式出现，也可以以虚拟空间存在，打破了传统创业的限制。阮晓东（2016）认为，"车库咖啡"把看似不搭的"车库"和"咖啡"组合在一起，给创业者提供了一个公开的创业平台，每一位客人都可以是创业者，享受空间提供的廉价场地、良好的办公环境和专业的

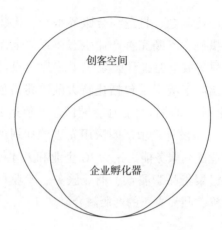

图1-1　创客空间与企业孵化器的关系

创业服务等。孙雪、任树怀（2016）基于知识创新的视角，认为众创空间降低了知识创造的门槛，众创的主体是普通大众，所有有想法的人都可以参与进来，在众创模式下，创新的受益者扩大到了创业个体。

（3）北京创客空间。2011年1月，北京创客空间成立，成为中国首个提出创客理念的孵化器、中国"创客"的主要引领者和推动者。近年来，北京创客空间发展迅猛，在全球创客网络中声名鹊起。在资源方面，北京创客空间位于"中关村梦想实验室"的大楼上，是目前亚洲最大的创客空间和硬件创业服务提供商之一。创客空间的创客会员超过300人，拥有1000多平方米的活动场地和300平方米的原型加工基地，以及完备的制造设备。在软件理念上，北京创客空间一直致力于推广创客文化，促进新一轮的创造力革命，降低实践创新和创意的成本，营造容忍失败、鼓励创造的宽松环境，提供培训和指导，让每一个人都可以使用创客空间的设备和工具实践自己的创意。

"中关村大街"正在加快形成企业要素集聚、孵化器多元化、商业服务专业化、商业活动可持续性、商业模式市场化、商业资源开放的发展格局。"中关村国际创客中心"是中关村街道改造升级中的首个签约落地单位。"中关村国际创意中心"已成为中关村核心区、国际电子商务集聚的新地标。

（五）国际企业孵化器

到2006年，在联合国开发计划署专家的帮助下，火炬中心已批准在北京、苏州、重庆、成都、武汉、天津、上海、西安、广州设立九个国际企业孵化器试点，成为国内的领军者。经过十多年的探索和实践，我国科技企业孵化器在自身建设、孵化器国际化能力培养、引进全球先进企业和技术等方面取得了长足的进步，在国家孵化器国际化进程中发挥了辐射带动作用。

作为国际经济、文化和技术交流的中心城市，北京涌现出许多海外孵化园，通过多种方式为当地企业搭建国际化平台，使当地企业参与各种国际组织和活动、与海外机构开展战略合作。在美国硅谷，北京瀚海智业投资管理集团建立了一个生物医药产业园。与国际接轨，一方面推动了北京企业"走出去"，另一方面也"引进来"了不少国外优秀项目。近年来，中关村先锋街及其驻点的孵化创业团队近 2000 个，其中海外团队 245 个。此外，国内外企业还共同建立了创新联盟和开放实验室。

例如，汇龙森国际创业孵化（北京）有限公司旗下的汇龙森国际投资（北京）有限公司、英中投资有限公司、北京经开汇博留学生创业咨询有限公司自成立以来，始终坚持"专心做孵化器""迎来创业者，送出企业家""汇聚天地灵气，孵育产业巨龙"的经营理念，积极引进科技型中小企业，并为园区内中小企业提供优质服务，先后培养了一批明星企业，极大地促进了开发区中小科技企业的发展。

再如，北京高创天成国际企业孵化器有限公司（以下简称高创国际）是北京中外合资国际企业孵化器的典型代表，成立于 2005 年 6 月，位于中关村科技园区健翔园，面向全市的企业孵化器，为在孵的科技企业提供创新孵化服务。高创国际的核心业务是为有国际发展潜力的科技企业与新技术项目提供国际化的成长孵化服务，主要包括孵化场所提供、国际渠道支持、创业发展规划、发展战略咨询、融资咨询、投资与管理等。高创国际德方股东技术与创新管理中心（CeTIM）是国际知名的技术、创新及战略管理的研究教育机构，欧盟重要项目的领导者和参与者；法方股东旗网国际（Keynetwork International）则在跨国投资及国际商务咨询领域经验丰富，在欧洲、北美及亚洲拥有广泛的商务合作网络。这样的国际视野和资源优势无疑赋予了高创国际发展的强劲势头，并为在孵企业提供了更广阔的发展前景和空间。

中关村的创新生态和开放姿态吸引着越来越多的外籍人士和留学归国人员。目前，在中关村工作的外籍从业人员已达 1.2 万多人，留学回国人员也有近 5 万人。

中关村已经成为全球创新资源较集中的地区之一。除了 300 多家跨国公司的地区总部或研发中心，美国即插即用（Plug & Play）、以色列趋势线（Trend Line）等世界知名创业服务机构也进驻中关村。2019 年 4 月，中关村国际青年创业平台正式启动，吸引了来自瑞典、美国、英国、韩国、俄罗斯、西班牙、丹麦等国的 10 余家创业团队，聚焦人工智能及智能电动车等硬科技领域。其中，来自美国的 Open Motors 团队致力于新能源汽车研发，其创始人此前曾长期任职于法拉利、兰博基尼等公司。目前，中关村管委会已在英国伦敦、芬兰赫尔辛基、德国慕尼黑、美国硅谷等地建立了 10 个海外联络处。

（六）留学生创业园

留学生创业园是专门为出国留学人员回国创业提供帮助的孵化器，也称作海外学子创业园。改革开放后，中国派出众多优秀学子赴国外学习，他们都是中国高新技术产业发展的急需人才。为充分利用人力资源，服务中国经济建设，北京、上海、苏州在科技部、教育部、人事部的支持下，依托美国、俄罗斯、新加坡、英国等国家的创业中心和高新区，以及海外创业园，为留学生和华侨华人创业提供全程服务。留学生创业园的关键功能是吸引留学生回国创办科技企业，或依托当地高新技术开发区的现有环境、条件和政策进行高新技术研发，参与市场竞争。北京作为国内的科教文高地，理应成为留学生创业园的主要集中地。

北京留学生创业园（望京创业园）是由人事部和北京市政府共同设立的，目的是吸引、培养和支持留学生回国创业。在经营理念上，望京创业园为留学生回国创业提供了多种支持，为"海龟"企业提供了巨大的发展空间。创业园为留学人员回国创业提供的服务主要包括：企业注册、财务管理、法律事务办理、企业管理咨询、质量认证、创新基金申请、高新技术认证、融资咨询、贷款担保。

望京创业园及周边地区聚集了如摩托罗拉（中国）总部及研发中心、北电网络（中国）总部及研发中心、爱立信（中国）总部及研发总部、恒基伟业、洛娃集团、上海华联集团、广合集团、金汉王网络集团、中辰集团等众多高科技民营企业的总部。跨国公司和民营企业巨头的聚集，创造了望京留学人员创业园独特的"近邻优势"，促进了园区 IT 和通信高科技产业链的形成，为留学生创办的企业与国际知名企业的交流和合作提供了更多的机会。

中关村国际孵化园按照"政府引导、市场运作"的理念，充分发挥政府和社会资源优势，为归国留学人员提供"孵化+风险投资"服务。中关村国际孵化园区中介机构提供的服务主要涉及以下几个方面：工商注册、法律咨询、财务会计、维护知识产权、人力资源引进、信用评级、媒体策划等。中关村国际孵化园区目前已接纳数千名归国留学生创办的数百家高新技术企业。中关村国际孵化园区是留学生数量最多、集中度最高的创业园区之一，归国留学生创办的企业在新产品的研发、相关技术标准的形成以及国际资本市场的融资等方面有着优异的业绩。

通过与光华管理学院、北京航空航天大学软件学院、中国科学院软件学院、新加坡南洋理工大学的共同努力，中关村国际孵化园区建立了国际工商管理硕士和创业创新学生实习基地，软件工程师培训基地。北京中关村国际孵化园还与中关村科技园在硅谷、伦敦、多伦多、东京等地的联络处建立了密切关系，为留学生回国创业、园区内企业拓展海外市场、寻求国际合作提供了便利。

中关村"一带一路"产业促进会（面向国际青年创新创业）发起的"藤蔓计划"吸引了8000多名留学生和500多家中国企业入驻。自2017年成立以来，已有2000多名留学生在中国获得实习机会。

二、依据投资主体分类

一般而言，企业孵化器的投资主体主要包括政府、非政府组织及私人资本。完全由政府投资的孵化器，基本上都是公益性的服务机构，主要以实现政府公共目标为己任。非政府组织投资的孵化器，往往是以营利为目的，但兼顾一定的公益目标。私人资本投资的孵化器完全以营利为目的，现在这类孵化器的数量与日俱增。依据投资主体的不同，企业孵化器大致可以划分为：政府设立型、国有企业主导型、民营企业主导型、高校主导型、企业投资型、复合创办型，初步形成了以创业投资、科技服务、项目孵化、持股孵化为特色的多元化发展模式。

（一）政府设立型

该类孵化器是由政府部门全额或部分资助组建运作，以国家经济及科技发展战略为导向，以为高新开发区培育企业、调整经济结构提供便利为运营目标的公益性创业扶持机构。孵化器的管理人员一般由政府管理部门指派或任命，将所拥有的资源免费或以非常低的成本提供给在孵企业，不追求经营利润。在孵企业不仅可以共享办公空间、打包服务、创业服务（为其提供政策答疑、政策落实、创新基金申报、贷款融资等多方面服务）和信息对接服务等，还能够及时获取政府的政策支持和资金补贴。尽管政府主导型孵化器拥有雄厚的资金实力和良好的信誉，但潜藏着如下制度缺陷：一是受国有资产保值增值的影响，与风险投资结合的机会显著降低，孵化器产权投资多元化、社会化和产业化的进程缓慢。同时，政府过度参与经营管理决策，使孵化器与市场之间的联系受阻，难以实现真正的企业化和市场化。二是政府直接参与运作，各种优惠政策导致其他投资主体的孵化器失去盈利空间，被迫退出该产业。三是政府补贴和租金收入在孵化器运营费用中占比过高，其持续发展易受政策等不确定因素的影响。

北京青年创业示范园在扶持以大学生为主体的青年群体创新创业方面具有示范作用。其具有完全公益性质，与其他营利性孵化机构相比，在降低初创企业入孵门槛，充分发挥孵化作用方面，具有显著优势。

北京青年创业示范园主要吸纳和培育不同类型的青年创业群体，成为区域内青年创业培训的主要阵地。其通过创业大赛、创业项目路演等形式建立了优秀创业项目挖掘、选拔机制；搭建入孵企业政策支持平台和综合服务平台，打造服务环境和政策环境双轮驱动的孵化模式；与区域内各类孵化资源建立密切联系，将到期出园企业推荐到相适应的产业园区或加速器，形成了一条龙的孵化链条。园区内的企业还可享受免收企业工商注册登记费、减免房租、社会保险补贴等 15 项创业优惠政策。北京青年创业示范园通过与北京银行、担保公司协调，建立了北京青年创业示范园入园企业小额担保贷款"绿色通道"，帮助遇到资金问题的优秀企业获取小额担保贷款。

此类孵化器目前正在逐步由传统综合型孵化器向多专业复合型孵化器转变，具有相当强的示范和带动效应。北京市以北京高技术创业服务中心、海淀创业服务中心为典型代表。

（二）国有企业主导型

国有企业主导型科技企业孵化器是借助政府给予的部分资金形成创

业环境，利用已拥有的服务功能和资产以企业化运作的方式实现收支平衡的营利性孵化机构。由于采取现代公司式的运行机制，所以其能够有效实现投资主体多元化。其完善的治理结构和内部激励机制，使孵化器能够在以经济效益为最终目标、各投资主体对投资后果直接负责的基础上，不断适应市场环境的变化，逐步提高孵化管理能力和运作效率。该类型孵化器能够从市场导向的战略角度寻找高价值孵化项目，有效推进在孵企业与市场的对接。

尽管该类型孵化器有公司式运作机制的强力保障，但在追求经济利益最大化的驱动下，难免出现"非理性"行为，如在选择入孵企业时，其会有意规避资金风险高、应用前景不明确的高创新技术项目，这样势必造成社会创新功能的弱化。总的来看，"经济利益"和"社会功能"的冲突将阻碍区域创新能力的提升。

（三）民营企业主导型

民营企业主导型孵化器是在市场经济条件下，由风险投资家、房地产商和大企业等多种民间资本按照企业化模式投资建设，通过技术转让和投资新技术应用获取高额利润。它是独立自主、自负盈亏的市场竞争主体，具备健全的企业制度和优越的人才储备等先发优势，可以在享受政府优惠政策的同时，实现利润最大化、投资主体多元化、运作管理市场化、创新项目商品化的战略目标。大多数的民营企业主导型孵化器是以某个专业领域为投资切入点。为调整产品结构、获取新的利润增长点，或为品牌产品提供产业链的上下游支撑，一些大型企业投资建设与行业相关的专业型孵化器，形成了一定的集聚效应，在推动孵化器向专业化方向发展的同时，也为本地企业家创造了理想的创业环境。腾讯众创空间、联想之星、百度创业中心等都是这类孵化器的成功代表。腾讯众创空间自成立以来为600万名创业者创造了机会，五年间孵化出30家上市企业。

民营企业主导型孵化器也存在一定缺陷，主要表现在以下两方面。一是与国有企业主导型孵化器相比，民营企业主导型孵化器在场地应用、财政税收、专项资金补贴等方面处于绝对劣势。由于缺乏优惠政策的持续性支持，民营孵化机构的行业竞争力和盈利空间丧失，民间资本融入的积极性被削弱。二是受利益的驱动，部分民营企业主导型孵化器以科技地产的名义获得租金和价格比同类商业建筑优惠得多的土地后，以楼宇租售为主营业务，不能提供满足在孵企业发展需要的创业服务，对区域科技创新能力的提高基本没有作用。

（四）高校主导型（学研型）孵化器

高校主导型孵化器顾名思义是依托高校建立，由大学、研究所和技术开发中心主导成立，主要目的是吸引高级科研人才利用高校的教育资源和校友资源，以产品的制造和销售获取利润，借以回馈高校的科研经费，并据此向政府争取科研资金，帮助老师、学生和校友创办企业，为其提供场所、技术与成果孵化、投融资、合营销、人才培训、产品及服务交易等创业服务等。其以高校科技成果转化和大学生创新创业为重点，为创业者引进具有丰富行业或创业经验的成功创业者、大型企业高管或创业投资人，传授运营管理、产品设计、发展策略等经验，扩大学校与商业界的联系。

高校聚集了丰富的知识资本，拥有先进的仪器设备和大量科技成果，通过转化和转让研发成果可使孵化项目进入产业，实现产品盈利以继续支持项目的深入研究，保障初创型孵化企业的发展。以北京航空航天大学为例，它为学生搭建了上百个校外创业实践基地，并设立了创业基金。这种模式不仅为学生提供了资金扶持，还为学生提供了创业导师制度的保障。

作为全国高校的集中地，北京这类孵化器不计其数，如北京航空航天大学国家大学科技园、北京理工创新高科技孵化器、北京启迪创业孵化器等。

北京航空航天大学国家大学科技园（以下简称北航科技园）是以"国内一流、国际知名"的高水平大学为发展目标的北京航空航天大学（以下简称北航）高等教育体系的有机组成部分和标志工程之一。2000年，北航独资成立"北京北航科技园建设发展中心"（2006年更名为"北京北航科技园建设发展有限公司"），逐步建立了健全的、符合现代企业要求的管理体制和运行机制，由其代表学校对北航科技园进行规划、建设、管理与经营。经过多年的探索和实践，北航科技园取得了可喜的成绩。

2003年，由中关村科技园区管理委员与北航共建，并由北航科技园负责具体实施的"北航留学人员创业园"正式开园并入驻第一批入园企业；2004年，"南通北航孵化器"在江苏南通正式注册成立；2007年，"北京航空航天大学国家大学科技园福建分园"在泉州（南安）光电信息产业基地挂牌成立；2009年，"北京航空航天大学国家大学科技园嘉兴分园"在浙江嘉兴科技孵化城挂牌成立。

与北航科技园相媲美的是北京理工创新高科技孵化器有限公司，其作为北京理工大学与北京高新技术创业服务中心共同成立的孵化器公司，是北京市认定的孵化基地之一，旨在为高科技成果创造良好的产业转化环境，提供配套的硬件支持和软件服务，加快科技成果的转化，促进高科技产业的发展，服务于首都的经济建设。该公司设在交通便利的中关村南大街，位于正在建设中的北京理工大学国家大学科技园内，可依托北京理工大学的人才资源和综合学科优势，加速科技成果的转化。该公司的业务涉及机电、信息、控制、新材料、医疗器械、医疗、节能、环保、军转民产品生产等领域的技术应用、产品开发和相关企业的培育成长，以中介、服务、投资、受托管理等众多形式，支持并参与高新技术成果的市场化和相关产品的产业化成长。其采取企业孵化和产品孵化两种方式。企业孵化：对于已具备产品特点的，具有明显发展前景和市场需求的高科技项目，组建种子企业，将其培养成可以独立自主运作的高科技企业。产品孵化：对技术成熟，市场需求好、竞争力强的项目，努力将其培养转化成适合市场需求的商品。

作为清华大学孵化事业的一个品牌，北京启迪创业孵化器有限公司成立于2001年消费者权益保护日，目标规模20亿元，由启迪之星（北京）投资管理有限公司负责管理，基金存续年限为长期年，主要投资TMT（科技、媒体和通信）、"互联网+"、"智能+"、"工业4.0"、节能环保、新材料、大消费。主要业务有三方面：一是提供创新环境方案，为科技创新提供完备的信息管理方法，融合园区战略咨询和运营管理等专业咨询业务，大幅提升孵化器的管理效率和服务效能，推进行业创新管理和服务的标准化及流程化，通过互联网平台为初创科技企业提供各类增值业务，为企业的成长和发展搭台、铺路、架桥。二是为创新型企业提供增值服务——通过启迪在线互联网平台（启迪创业孵化器的在线网络平台）为创新型科技企业提供产品交易、科技应用、楼宇租售、品牌提升、人才培训、信息咨询等完善的增值服务。2006年以来，为积极配合创新型国家建设战略，启迪创业孵化器先后启动了"钻石计划""摇篮计划""领航计划""瞪羚计划"，进一步加快了科技创新类企业、创新型人才和创业型企业的快速成长。三是创新领域的理论研究。启迪创业孵化器拥有专门的研究机构——清华大学启迪创新研究院承担公司的研究职能，研究院的研究项目除了有国家部委、地方政府的委托课题，还有清华科技园围绕创新型城市建设、创新型企业培育和创新型人才培养等方面的自立项目。

目前，清华科技园搭建完成了覆盖全国近 20 个城市和地区的网络，汇聚了 1000 多家科技企业和研发机构，一步步形成了以四大集群为标志的园区形态：一是高技术企业创业集群；二是跨国企业研发机构集群；三是金融投资机构集群；四是中介服务机构集群。在中关村科技园区中，清华科技园北京主园区的建设速度快、入驻企业质量高、创新服务体系完备，享有极高的国际声誉。清华科技园是国家实施自主创新战略的重要载体，制定了三大战略，即国际化、支撑平台、辐射发展，形成了"四聚"的发展模式，即"聚集、聚合、聚焦、聚变"。目前，清华科技园已经整合了"政、产、学、研、金、介、贸、媒"等各种科技创新要素，营造了出色的科技创新和创业环境，为创新型科技企业提供完备的服务。清华科技园对建设科技创新软环境进行了近 20 年的探索和实践，形成了自身特色浓郁的理念、模式和文化，推动了区域自主创新，搭建了产学研合作平台，促进了科技成果转化，孵化了创业企业，自主创新技术达到全球领先水平，使许多"毕业"企业成长为行业中的"领头羊"。

中国高校创新创业孵化器联盟（以下简称孵盟）是一个助力双创转化落地、成员之间互帮互助的平台，利用众筹众创的方式整合社会资源壮大队伍、快速发展，在支持大学生创新创业方面表现出旺盛的生命力。高校主导型孵化器开展的双创活动有利于构建完整的教育生态体系。针对大学生创新创业实践，创业教育更有利于推进大学生以市场需求为导向的成果形成机制，促进成果更有效地转化。创始人、团队和正确的商业模式都是获取投资的关键，通过模式创新和技术创新，能够促进高校的产学研、人才培养、创新创业，并与投资更好对接和结合起来；通过创业教育、分享机制，特别是校友种子基金等，带动高校学生创业和就业。

（五）企业投资型

企业投资型（企业主导型、产业型）孵化器（民营企业主导型孵化器归于此类型）由投资机构，或由企业财团及房地产商合作开办，旨在通过经营孵化器或投资孵化器内的企业获得一定利润，同时借助商业性与工业性房产的开发使孵化器增值。北京市这类孵化器较具代表性的有北京京仪科技孵化器、优客工场、SOHO3Q、北京康华伟业孵化器、北京赛欧科园科技孵化中心、北京华海基业科技孵化器。

老牌的北京京仪科技孵化器有限公司（以下简称京仪孵化器），是以京仪集团的雄厚实力和资源为背景的大型专业型孵化器，专注于仪器仪表领域，为创业的科技人员和处于创业初期的科技型中小企业提供全面的资源和服务，降低企业家成本，提高创新成功率，推动科技成果转化，加快了高新技术项目的商品化、产业化、市场化进程。京仪科技孵化器完全享受了中关村园区支持高新技术产业发展的各项优惠政策，以及浓厚的创业氛围、专业和谐的创业条件、"保姆"式的全方位服务。

北京康华伟业孵化器有限责任公司（以下简称康华伟业）走出了一条新路，对于探索国企改革的新理念、新思路具有示范意义，促进了北京自动化设备厂的产品结构调整和技术创新。作为德胜科技园产业创新体系的标杆，康华伟业通过多层次的积极服务，提升科技成果转化率，培养高新技术企业和企业家，通过提高服务水平，创建了康华伟业孵化器这一金字招牌。2008 年底，其被科技部认定为国家高新技术创业服务中心。康华伟业积极利用北京高新技术产业政策和中关村科技园区的优惠政策，盘活孵化器的增值服务、技术资源、知识资源和信息资源，为入驻企业提供管理咨询、技术指导、政策培训、物业管理等优质服务。

北京赛欧科园科技孵化中心有限公司（以下简称赛欧孵化中心）由北京赛欧工贸有限公司设立，2001 年春正式营业，2002 年被北京市科委认定为"高新技术产业孵化基地"，2007 年被科技部评定为"国家高新技术创业服务中心"。经过十多年的探索与实践，赛欧孵化中心在培育科技企业、科技项目和科技企业家方面取得了显著成效，获得了较好的社会效益和经济效益。

北京华海基业科技孵化器有限公司是当今北京市经营规模较大、经营效益较好的民营高科技孵化器，由自然人出资创办，北京市科学技术委员会、石景山区政府倡导并支持，主营内容包括房地产开发、投融资、物业管理、科技产品开发、政策咨询、中介服务等业务。经营资产规模达 12 亿元，并在 2006 年底被科技部评定为国家级高新技术创业服务中心。根据北京市政府相关政策，其在经营区域设立了北京市高新技术企业创业服务中心分中心及北京市数字娱乐产业示范基地华海孵育中心。

（六）复合创办型

复合创办型企业孵化器由政府或一些基金会等非营利机构出资与私人合股经营，主办方各取所需。这种合股经营，使孵化器既能得到政府经费和政策的支持，又能得到私营企业专业知识与经验的支撑。北京市此类孵化器以北京首特科技孵化器有限责任公司（以下简称首特孵化器）为代表，其于 2000 年 8 月由北京首钢特殊钢有限公司、北京市高技术创业服务中心、管理团队共同设立，是专业为中小型企业提供综合性创业服务的机构。首特孵化器被评定为首批北京市高新技术产业孵化基地；2006 年由国家发展和改革委员会备案为中小企业创业指导机构。孵化大楼一层建立了"一站式"服务大厅，完善了对入孵中小企业的多种服务功能，可为科技企业提供企业设立，税务代理，财务代理，融资，担保，金融、贷款，项目可行性分析/论证，产权交易，股权退出，质量体系认证、企业管理、创业综合（包括科技企业认定、科研课题申请、创业基金申请），以及项目推广、职业技能培训、人才托管等各项服务。

此外，成立于 2001 年 11 月的北京中关村软件园孵化服务有限公司（以下简称中关村孵化公司）也是典型的复合创办型孵化器。其作为中关村软件园留学人员创业园、中关村软件园孵化器的创办单位，由北京中关村软件园发展有限责任公司、中关村高科技产业促进中心、北京软件与信息服务业促进中心及北京赛西电子科技公司联合出资成立。中关村孵化公司位于中关村国家自主创新区海淀园核心区中双基地（国家软件产业基地、国家软件出口基地）——中关村软件园内，拥有两栋孵化器大楼，在孵企业经营业务涉及通信、金融、教育、能源、互联网等专业应用领域。开发的软件产品包括信息安全产品、应用管理软件、行业应用软件、通信类软件等。目前，中关村软件园内形成了以"一横两纵"（"一横"即留学人员创业企业，"两纵"即软件外包企业和信息安全企业）群体为代表的产业积聚效应。中关村孵化公司的服务宗旨是：为企业提供"贴身、贴心"的完善、个性化和网络化的全方位服务；定位是：做专业资源的整合者，准确把握企业需求，整合各方资源，为创业企业提供全方位的专业服务。

此外，高校主导型孵化器、留学人员创业园和国际企业孵化器又被称为特殊服务对象型孵化器。

从时间线上看，国内很早以前就出现了创业孵化器，当时政府是主导；从数量上看，即使到目前为止，政府主导的创业孵化器仍然占据多数；从发展历程上看，早期的创业孵化器由政府和学校发起，目的主要是产业升级和科技成果转化。

三、孵化器、加速器及科技产业园三者的区别与一体化发展

（一）孵化器、加速器及科技产业园的区别

孵化器、加速器①及科技产业园是三个完全不同的概念。随着科技创业的蓬勃发展，有些人模糊了三者的区别，三者的区别如表1-1所示。

表1-1　孵化器、加速器及科技产业园的区别

类别	孵化器	加速器	科技产业园
服务对象	科技初创企业	成长性科技企业	规模及以上科技企业
可自主支配的孵化场地的使用面积	小，一般在2000~30000平方米	较大，一般在30000~100000平方米	大，一般在100000平方米
在孵企业使用的场地占75%以上	50~500平方米	500~3000平方米	3000平方米以上
在孵企业注册资金	一般在500万元以下	一般在500万~3000万元	一般在3000万元以上
服务机构	孵化器管理公司、物业管理公司	加速器管理公司、物业管理公司、专业投资机构、专业中介服务机构	园区管委会、物业公司、专业投资公司及银行、专业中介服务机构

———————

① 此处指科技企业加速器，其延伸了孵化器的功能，能为快速成长的企业和成长性好的企业提供更大的物理空间，更强的、更具个性化的专业服务，更有力的政策扶植，成为培育创新型企业、形成高新技术创新集群的重要政策工具。

续表

类别	孵化器	加速器	科技产业园
在孵企业场地使用情况	租赁使用，不拥有产权	租赁使用，不拥有产权	永久使用，拥有产权；租赁使用，不拥有产权
在孵企业流动情况	企业"毕业"后应退出孵化器	企业"毕业"后应退出孵化器	园区内企业相对稳定
器（园）类别	分为综合型和专业型，而当前专业型是发展方向		

资料来源：根据公开资料整理。

1. 服务对象不同

孵化器的服务对象主要是科技初创企业；加速器服务的主要是成长性好和快速成长型的企业；科技产业园服务的则是规模及以上企业。

2. 组织结构不同

孵化器、加速器采取的是由投资主体设立事业法人或企业法人的治理结构；而科技产业园在组织结构上可分两类：一是由政府全资投入的，一般由政府设立园区管理委员会实施管理，二是由社会投入建设的科技产业园采用企业法人的组织结构。

3. 服务功能不同

孵化器主要为科技创业企业提供科技创业公共服务，包括投融资、咨询、培训、中介及技术支撑服务等，目标是帮助创业企业度过创业期。

加速器主要是为成长性科技企业提供个性化的服务，如投资融资、人才招聘、企业管理、市场拓展、项目包装、上市辅导等。

科技产业园则是为园内企业提供管理、协调服务，如园区规划、园区秩序管理及协调园区企业与政府有关部门的关系等。

4. 入驻企业流动性不同

在入孵（驻）企业的流动性上，孵化器、加速器内的企业流动性强，科技产业园区内的企业的流动性差。排除失败的案例，前两者流动性越强，说明服务能力越强，而科技园区则相反。

（二）孵化器、加速器及科技产业园的一体化发展

实质上，孵化器、加速器、科技产业园是服务于企业成长的前三个阶段，彼此接力，形成递进结构，促进企业快速成长和稳步发展。在推

进孵化器、加速器和科技产业园协调发展方面，许多地方、机构或园区正在探索孵化器、加速器和科技产业园区一体化发展的新路。

一是在已建成的科技园区内建设孵化器和加速器。孵化器、加速器可源源不断地向科技产业园输送新兴科技企业，尤其是新战略性新兴企业；科技产业园则可通过扩展园区规模或"腾笼换鸟"，提升园区产业结构，使园区充满生机活力。

二是孵化场地面积较大的孵化器待条件成熟后兴建加速器和科技产业园区，可为入孵科技企业提供便捷的成长路线，促进其快速成长。

孵化器、加速器、科技产业园的一体化建设，有利于整合社会资源，提高服务能力，降低服务成本，加速企业成长，形成特色产业，促进区域经济快速成长。

第四节　企业孵化器的典范
——以中国"硅谷"中关村为例

中国"硅谷"——中关村迅速崛起的秘诀在于：它把创新、创业和制造业结合起来，从金融科技到共享经济，中国的初创企业，开始对全球工业秩序产生影响。

一、中关村孵化服务类型

在孵化和创新创业方面，北京已成为国内创新经济最为活跃的城市，每年荣获国家科学技术奖的科研成果占国家全部获奖成果的三成以上。一幅以孵化机构为核心，与资本纽带、中介机构等构成的孵化服务蓝图初步形成，经济社会效益进一步凸显。

相关数据显示，截至 2018 年 6 月北京市创意企业孵化器数量从 2015 年的 110 家增加到 200 多家，实现了翻番；国家级高新技术企业累计达到 2.5 万家，实现了翻番；"独角兽"企业 82 家，企业数量和整体估值实现了翻番。"三个翻番"见证了北京活力①。每一个独角兽企业的诞生都不是偶然，首先是一群靠谱的人来干一件伟大的事，其次是资本市场强有力的支撑。

北京有国家级大学科技园 14 家。北京市科技创意企业孵化器的总占地面积超过 400 万平方米，已经与 700 余家中介机构、200 余家金融机构建立了协作关系，为社会创造了 17 多万个就业机会。

现有的中关村孵化和创业园区主要有：

（1）中关村前沿技术创新中心。位于海淀桥西北角，紧邻西四环主路，占地面积 12182.98 平方米。截至 2019 年 8 月，中关村 134 家前沿技术企业已部分入驻。这些通过全球选拔出来的"小苗"，经过全方位升级孵化，目前成长为"独角兽"企业的已有 15 家。

（2）中关村智造大街。位于"宇宙中心"五道口的中关村智造大街是北京智能制造产业的一个孵化中心。这条只有 380 米长的街区，融合了国际化多形态的新模式，同时融入北大、清华、中科院等高校院所的技术转换起航基地，是北京科技创新中心核心区打造的围绕智能制造产业生态中试基地。

（3）中关村创业大街。创业大街汇聚了联想之星、创业黑马、北创营、清华经管创业者加速器、车库咖啡、氪空间等在内的 45 家国内外优秀创业服务机构，联合一大批大企业、高校、风险投资机构等各类合作方，积极推动政府、大企业、资本、创新创业者的对接和融合。

（4）中关村集成电路设计园。中关村集成电路设计园（IC PARK）于 2018 年底正式开园，已吸引 50 余家集成电路设计企业，创造了北京近 50% 的集成电路设计产值。由龙头企业、"独角兽"、中坚力量、创业企业构成的集成电路设计"雁阵"正在海淀北部起飞，承载者 IC PARK 崭露头角，成为中关村又一个冉冉升起的科技地标。

（5）小米科技园。简约时尚、功能完善的新园区，被小米员工亲切地称为"清河三里屯"。2019 年 9 月 19 日上午，位于海淀区安宁庄路的小米科技园正式开园，"北漂"多年的小米公司终于告别频繁寻找办公楼的日子，正式有了北京的家。

---

① 贺勇. "三个翻番"见证北京活力（经济发展亮点多韧性足）[N]. 人民日报, 2019-06-17 (10).

从中关村一间办公室到小米科技园的八栋楼，从十几个人发展到 2 万多名员工的最年轻世界 500 强，小米短短 9 年的发展历程就是中关村创新创业的缩影。在开园庆典上，小米创始人雷军深情表白："感谢中关村这片创业沃土，感谢这个伟大的时代，让小米赶上了创新创业的黄金时期。"

（6）奥北科技园。与国家奥林匹克公园隔清河相望的园区，是 4 年前才建成的奥北科技园，如今全球最前沿的科技创新正在这里逐步转化为高精尖产业。这个三维地理信息系统在国家各项重大保障中得到了广泛应用。这个专注于守护网络安全公司，已将版图覆盖到全球 30 多个国家。

（7）金科新区。中国最富裕的一条街——金融街，与创新活力最强的"村"——中关村衔接之处正是"金科新区"。2018 年以来，已有中移金科、蚂蚁金服等 41 家重点金融科技企业入驻"金科新区"，注册资本近 700 亿元。

二、传统孵化器的转型

（一）创新型孵化器蓬勃兴起

创新型孵化器是各类创新创业主体围绕北京高精尖产业领域，建设提供全方位的创新创业服务，促进科技成果转化和产业化，培育科技型的创意企业和企业家，推动科技与经济社会融通发展的孵化载体。主要功能是为早期阶段技术创业企业（团队），提供创业培训、创业咨询、创业媒体、投融资、资源对接、联合办公等精细化服务，降低创业企业的创业成本，提高其存活率和发展速度。

近年来，中关村每年新创办企业 3000 余家，每年超过 1000 家小微企业入驻创业孵化机构；支持创业孵化机构采用"孵化+投资"的新型孵化模式，孵化和培育早期项目和"专特精新"小微企业；为企业聘请创业导师 200 余位，辅导小微企业 2000 余家，创业孵化机构自有资金投资小微企业 100 余家，投资金额超过 2 亿元。此外，发挥创新资金对中小企业发展的促进作用，共立项支持 1244 个项目，支持资金 4.55 亿元，挖掘和培育了一批创新性好、成长性高、具有引领示范作用的明星企业，其中

50 几家已在境内外上市。

（二）创新创业"2.0时代"的"双创时代"

2014 年 6 月北京中关村创业大街揭幕，同年 9 月，国务院总理李克强在夏季达沃斯论坛上提出"大众创业、万众创新"的号召，"双创"一词风靡中国、波及全球。2015 年国务院政府工作报告中又强调了这项工作。2016 年 2 月 3 日，国务院总理李克强主持召开国务院常务会议，部署建设双创基地，开发公共空间，加快培育新动能，再次将双创服务提升到新高度①。同年 3 月国务院发布《关于发展众创空间推进大众创新创业的指导意见》为标志，我国企业孵化器事业进入"双创"时代。根据国务院《关于发展众创空间推进大众创新创业的指导意见》中的定义，众创空间是顺应网络时代创新创业特点和需求，通过市场化机制、专业化服务和资本化途径构建的低成本、便利化、全要素、开放式的新型创业服务平台的统称。

创新型孵化器形成了平台型企业孵化器、创业咖啡、创业媒体、创业社区等多种孵化形态。各类创业孵化器的兴起，在各类创新型孵化器平台的帮助下，创业者不仅不再孤军奋战，前进路上也多了一个强大的助推器。简单地说："众创空间" = "创客空间" + "创业孵化器"，帮助有好项目的创客走向创业。

众创空间的概念外延与孵化器重叠，戏称为"一张桌子就可以创业"。众创空间没有围墙，更多体现的是一种虚拟化和共享式的创业，但应比后者范围更大，此外，它还包括创客空间、创业咖啡等新型孵化器模式（见图 1-2）。一方面，众创空间包括那些比传统意义上的孵化器门槛更低、更方便为草根创业者提供成长和服务的平台；另一方面，众创空间不仅是创业者理想的工作空间、网络空间、社交空间和资源共享空间，还是一个能够为他们提供创业培训、投融资对接、商业模式构建、团队融合、政策申请、工商注册、法律财务、媒体资讯等全方位创业服务的生态体系。

众创空间为创业者提供了工作空间、网络空间、社交空间和资源共享空间，是在调研孵化器基地的基础上提出的新词，其实质就是孵化器，更确切地说，应该是孵化器的延伸和再升级，它更注重对创新"2.0 时

---

① 王海蕴. 四维孵化，双创空间（北京）项目中心正式启动 [J]. 财经界，2016（5）：104.

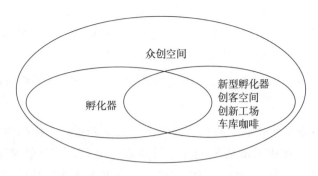

图 1-2　众创空间示意图

资料来源：前瞻产业研究院。

代"众创趋势的把握与适应，比孵化器也更注重现代网络技术环境的应用、更加便利、更具开放性，也更加先进、更加具备政策上、成本管控上等多个方面的优势①。随着企业孵化器的发展，资金和实力的增强，已经取得良好运营业绩的创业孵化器，在有足够资源的情况下，也可以主动地采用这种模式。但要特别注意的是，企业孵化器的活动无论怎样扩展，都应满足孵化器的使命需要。

三、"中关村国家自主创新示范区"发展一路领先

中关村创业大街的形成，反映出北京创业势头的强劲。相对于留学生创业园这种"高、大、上"的创业孵化载体，如今的创业大街更注重引领创意企业孵化器向支持"草根创业""大众创业"发展。这表明，北京的创新创业活动正从点向线发展，未来可能进一步扩大到面，创造新的、社群型的创业形态，真正和社会广泛深入地联系起来。

（一）中关村创业大街进入"3.0时代"

中关村创业大街从"外在喧嚣"走向"内敛成熟"，一个个振奋人心的数据汇聚成一份亮眼的成绩单：截至2019年6月，累计孵化3451家创业团队，其中外籍和海归团队409家；累计获得融资团队1181家，总融资731亿元，融资比例34.2%。2014年6月开街以来，创业大街从创新

---

① 资料来源：前瞻产业研究院。

创业要素聚集的 1.0 版本，发展到形成创新创业生态的"2.0 版本"，再到形成全球产业创新生态的"3.0 版本"，已经成为具有创新力、国际范儿、全开放的重要创新载体和创新平台与空间。

（二）中关村围绕科技成果转化的"火花"成为创新发展的"星星火种"

中关村围绕科技成果转化实际需求，携手高校、科研院所开展"火花"活动，即在成果形成早期，让科学家、投资人、企业家碰撞对接，建立科技成果价值和价格早期发现机制，向创新创业创造的源头注入活水清泉，全力推动科技成果与人才、资本等市场各类资源良性互动、深度融合，让科技创新的"火花"成为创新发展的"星星火种"。旨在发挥高校院所科技成果转化的源头作用，完善成果快速转化机制，寻找成果应用场景，加速成果转变为产业技术和落地企业，支撑北京高精尖经济的结构构建和高质量发展。

（三）金种子企业由小到大茁壮成长

尽管孵化器目前正从注重载体建设，向注重主体培育转变；从注重企业培育，向注重产业培育转变；从注重基础性服务，向注重增值服务转变；从单一的孵化模式，向"创业苗圃、创业孵化、企业加速器"的孵化链发展转变；从单一运行机制，向多种运行管理模式转变等，但无论怎么转变，仍旧离不开种子企业。如果没有种子企业，即便是再好的母鸡，也无法孵化出成群的小鸡，更不会有一批下"金蛋"的企业群、产业群。换言之，没有种子企业，即便是天才的"孵化器"，也无法实现价值。从传统的服务中心、海归园，到车库咖啡、创新工场，甚至刚诞生的各类孵化器微博、孵化器微信，离开了种子企业，一切都是"空谈"。

2019 年 6 月 15 日，第八批中关村金种子企业名单发布，至此金种子企业达到 1167 家。同时，越来越多的创新创业主体认识到了金种子培育工程的作用和价值，目前中关村已经聚集了以徐小平、雷军、李开复等为代表的 100 多名创业导师，并与富汇创投、顺为基金、九合创投等 60 多家创业投资机构，招商银行、中国建设银行、华夏银行、北京银行、中信银行、中关村银行等多家银行建立了合作关系。优质初创企业、创业导师、新型创业服务机构、投资机构等多方合力助推了中关村创新创业的发展。

　　一家家金种子企业由小到大茁壮成长，前七批的金种子企业中涌现出了爱奇艺、旷视科技、诺亦腾等数十家"独角兽"企业，爱博诺德、驭势科技、佳格天地、速感科技等 20 多家中关村前沿技术企业。如今，金种子培育工程已经是中关村创新创业一张亮眼的名片，金种子企业成为大有前景的成长型企业，银行和投资机构等对它们青睐有加，企业因此也获得了发展的种种助力。金种子企业将被优先推荐至中关村前沿技术储备项目库，优先入驻中关村硬科技孵化器、创新型孵化器等机构，享受优质孵化服务以及房租、服务费用优惠。推荐行业专家或知名投资人作为金种子企业导师，与中关村企业家顾问委员会、中关村上市公司协会等机构联动，为企业提供产业和市场等资源。

　　2019 年 4 月，海淀区推出"集群注册"政策，免费为初创企业提供注册地址，而且对"集群注册"企业的数量不设上限，只要符合要求，有多少注册多少。"集群注册"服务是中关村创业大街创业"翼"计划的一部分。"翼"计划分为振翼、展翼、比翼三个阶段。振翼阶段，中关村创业大街为"种子期"创新项目提供"集群注册"服务，这些创新项目享受银行开户免费、企业开办免费等政策优惠；展翼阶段，中关村创业大街聚焦初创小微企业的成长发展，为项目团队提供各项政策对接、产业对接和投资对接的机会；比翼阶段，获得认可的团队有机会获得中关村创业大街自有投资基金或大街生态内投资机构全方位的投融资支持。

　　（四）从北京走向全国，成为中国的中关村

　　如今，已经从"一条街"成长为"一区十六园"的中关村，正在从北京走向全国。目前，中关村已经和全国 17 个省区市合作，共建园区 87 个，中关村企业在京外设立的分支机构超过 1.2 万家。

　　通过共建合作园区和科技成果转化基地，中关村把自己的"创新基因"复制到河北雄安新区、内蒙古乌兰察布、黑龙江哈尔滨、四川什邡、广东佛山、贵州贵阳、西藏拉萨等地区，实现了技术输出、政策输出、品牌输出。相关数据显示，近几年来中关村有 20 余项试点政策推广到全国或其他国家自主创新示范区，科技成果转化政策试点为 2015 年《中华人民共和国促进科技成果转化法》的修订奠定了重要的实践基础，从法律层面推动了与科技成果转化相关的管理制度的重构。

| 第二章 |

创意企业孵化器的发展

创意企业孵化器是一家知识密集型服务企业，主要职能是孵化创意企业，为新创企业的发展提供一系列的网络支持、资源管理、文化支撑、投融资等服务。目前，文化创意已经成为文化产业发展的高级阶段，它势必在中国经济转型这个过程中起到巨大的赋能作用。

第一节　创意企业孵化器

纵览企业孵化器的诞生、传播、发展过程，实地考察其在国内特别是在北京的各种形态不难发现，企业孵化器目前已经成为发展文化创意产业的重要工具。创意企业孵化器，既有一般企业孵化器的共性，又有文化创意产业的特性，且具备一定的开放性和动态性，对其进行准确界定并非易事。本书主要基于企业孵化器的经典概念，从现有的对北京孵化器企业的种类研究出发，界定创意企业孵化器。

本书研究的创意企业孵化器，完全符合科技企业孵化器的定义，不仅包括政府、非营利组织、高校或教育机构主办的孵化器，还包括民营企业或个人投资者主办的孵化器，以及由政府资助的复合型孵化器。从现实情况看，北京的创意企业孵化器显然超出了科技部对科技企业孵化器的传统定义。文化创意企业孵化器的创新创业服务平台不仅是创新创业活动的关键载体，更是区域创新体系的重要组成部分。

一、不同类型孵化器的共同点

创意企业孵化器显然应该处于文化创意产业的宏观范围之内，同时又必须保持创业服务的基本功能——孵化器的三重作用。根据分工与合作理论，孵化器的产生和发展是由于孵化器与孵化企业之间专业化分工带来的利益高于专业化分工的交易成本，孵化器的业务可以看作初创期孵化企业分离出来的结果。

第一，政府和市场的中介者。依据企业生命周期理论，企业最初进入市场时，还处于幼稚期，生存能力不强，抵抗力不高，孵化器可为其提供优越的软、硬件环境，适当地保护其生长并提供其所需。在完善的市场经济环境下，孵化器的产生和发展是政府行政管理和企业服务职能异化的结果，其开展业务可以看作政府行政服务能力的拓展。专业孵化器借助政府引导和市场调节，充分承担政府对企业的培育和服务功能，可大大降低孵化企业的开办成本，提高企业的市场经济效益。同时，孵化企业对优良软、硬件环境的需求也在无形中促进了政府职能的转变、市场机制的完善和现代企业制度的建立。

第二，孵化入孵企业的"温床"。为企业提供优质服务是所有孵化器的基本功能，创意企业孵化器也不例外。从这个意义上讲，创意企业孵化器为孵化企业提供的服务包括以下几个方面：一是提供综合服务和必要设施，即创意企业孵化器提供软件服务和硬件设施服务。在这方面，海外创意企业孵化器特别重视软件服务和硬件设施，国内一些创意企业孵化器过于注重硬件建设。此外，创意企业孵化器还发挥引领功能，即引导社会公众认知创意、感受创意、消费创意、享受创意。二是提供优秀的创业环境。包括提供企业之间沟通的机会、简化高新技术企业的设立手续、设计优惠措施等。三是提供专门化服务。四是为入孵企业提供融资服务。五是为园区创业者提供领导战略、寻找顾客市场、人才引进、管理经营等服务。

第三，独立运营的企业。孵化器本身也是企业，需要进行企业运作，入孵企业面对的是市场不确定性，面对的是创新，技术的变化、市场的变化、商业模式的变化。所以你是在不确定性中进行选择和决策。孵化器想成为一个连接者，其实并不容易，因为你必须能够让别人自主成长，你必须要保证别人是一个独立的主体。在发达国家的发达地区，企业和投资机构设立企业孵化器，作为一个盈利组织，孵化器企业的数量正在迅速增长。在我国，随着市场经济的不断完善，孵化器的市场化水平将越来越高，自我"造血"能力也在不断提高。

第四，孵化企业家。孵化器通过各类空间与服务使创业团队获得成功，最大受益者无疑是成功项目的企业家，他们至少有三类收益：一是企业家从孵化器获得了信心；二是企业家从孵化器获得了资源；三是企业家从孵化器获得了成功经验。

二、创意企业孵化器的界定

文化创意与科技融合发展专业孵化器是指聚集一定数量的文化创意和科技企业，能为两者融合发展提供有效帮助，并且正在进行融合发展的服务载体。其是为进一步推动文化创意与科技融合健康成长，提升企业管理水平与创新能力而设立的；是为创业者和初创企业的成长和发展提供低成本、高效率的孵化服务，具备连续滚动孵化功能，具有一定公益性质，且取得较好企业孵化效果的各类文化创意创业服务机构。

创意企业孵化器与其他孵化器（这里主要是指科技孵化器）功能的差异主要表现为其孵化的企业所具有的文化特性以及对社会的聚合作用和社会经济发展的助推作用。创意企业孵化器的功能如下：

第一，规范入孵企业的文化导向。创意属于意识形态，这要求入孵企业以及孵化器本身的文化内涵和意识形态必须代表社会主义先进文化的前进方向。创意企业孵化器肩负着政府引导入孵企业文化方向的使命，必须监督企业的文化发展状况，如果其文化发展方向有问题，即使具有较强的科技创新能力和经济效益，也不会得到支持。

第二，推动入孵创意企业完成文化与科技的融合。任何一家孵化器都应该对孵化企业给予强有力的科技支持。只有这样，企业才能有效实施成果转化，进一步增强核心竞争力。但是，文化创意产业是以知识产权的开发来创造价值的产业，文化创意是根本，是以精神升华、心理抚慰、欲望满足和审美为主要内容的经济形式。因此，创意企业孵化器需要为孵化企业提供一定的人文创意环境，特别是要系统地帮助文化产品的研发、生产、销售，促进文化产业的技术创新与人文创新。

第三，在孵企业为从事文化创意和科技融合的生产和服务企业。在孵企业符合与科技融合度高的互联网新兴文化、数字内容、创意设计、文化创意产品研发的要求。

第四，为入孵企业提供中介服务和帮助。创意企业孵化器有专门的经营、管理和服务团队及多样化的公共服务平台，能为入孵企业提供创业策划、管理咨询、技术支持、人才培训、资质办理、缴纳税金、法务咨询、财务咨询、融资和市场推广等方面的服务。

基于以上对创意企业孵化器功能的分析，可将本书所研究的创意企业孵化器定义为：由传统企业孵化器裂变出的一个新生类别，能有效承担服务小型创意企业创业的职能，根据小型创意企业的性质和发展阶段等，有针对性地提供共享硬件设施与软件服务，具有创业孵化、实验试验、研究发明、人员培训、展示交易、提供创业导师、技术对接、示范引领、辐射等多种功能。在外部形态上，其既可以是文化创意产业集聚区、功能区或几栋建筑，也可以是整个园区、一条街，甚至是咖啡馆。它们为创意阶层创造就业机会、培养创意企业家、吸引创意人才、降低投资风险，实现他们的创业初心，建立价值创造机制，核心是价值共创。

第二节　北京创意企业孵化器的实践

文化创意赋能经济和产业，文化创意的根本问题是创新问题。目前，我国的产业发展创意不足缺少内涵，第一产业、第二产业、第三产业都存在这样的问题。要解决这些问题制度创新是首要的，然后是通过"文化创意+"赋能提升产业内涵和品质，建设体系完整健康的产业生态，增强品牌影响力，彻底解决不平衡、不充分的发展问题。从这个意义上讲，"文化创意+"可以担当新时代的使命，成为破解新时代矛盾的突破口。

一、北京创意企业孵化器一路领先

北京是中国创意企业孵化器发展的发达地区，长期以来一直是全国创新的领头者。大量的龙头企业和专业化、精细化、特色化的中小企业相继在此涌现，呈现出良好的发展基础和巨大的发展潜力，引领着全国创意企业孵化器的发展。总体而言，北京的创意企业孵化器整体水平较高，无论是孵化数量还是孵化质量都亮点纷呈，形成了业界认可的"北京榜样"。

随着时代的发展，北京创意企业孵化器在前期探索的基础上呈现出许多新的亮点。一是专业孵化器蓬勃发展。一批专业孵化器有效促进了相关专业产业的发展，主要涉及软件、生物、新材料、数字多媒体、环境保护、集成电路设计等方面。二是大量民营孵化器颇具魅力。汇龙森国际创业孵化有限公司、北京瀚海智业投资管理集团等民营孵化器已成为行业龙头。在全球创新一体化、创业活动多样化的国际背景下，一批孵化器服务机构扬帆出海。北京瀚海智业投资管理集团、清控、科创等孵化器为北京乃至中国的企业孵化器群体注入了活力和动力；创新工场、车库咖啡成为孵化器企业的榜样。三是创业者就是要做别人想但不敢去做的事情。

北京是全球创新创业较活跃的城市之一，每天约新产生 200 家新企业。北京有"独角兽"企业 82 家，约占全国一半，天使、创投发生金额与投资案例均占全国 1/3 以上，产业联盟和协会 600 多家，形成了独特的中关村创新创业文化，目前已跻身全球创新第一阵营。大众创新、万众创业实现升级发展，2018 年北京新创办科技型企业近 3.2 万家，平均每天新设立约 90 家。中关村聚集高新技术企业 2.2 万家，年度总收入突破万亿元规模。北京科技创新的故事，仍在续写新篇章。

二、北京创意企业孵化器成功的原因

北京创意企业孵化器的成功可以归纳为五个方面的原因。

(一) 首都的科研和人力资源优势得天独厚

文化创意产业的核心资源是创新力和人。相对国内其他省市，北京孵化器基地的人员素质高，工作能力强。北京企业孵化协会是中国最早的省级孵化器行业机构之一，已经成为从业人员有效沟通的平台，这无疑为孵化器的创新和发展提供了契机。作为中国的科技创新中心，北京在人才占有率、创新投入、创新主体方面拥有得天独厚的优势。北京研发投入占 GDP 的比重多年来保持在 6% 的水平，远高于全国 1.7% 的平均水平，也高于不少发达国家 4% 的研发投入水平。

北京的科技优势体现在三个方面：资源、人才和创新能力。中国的文化、教育和科技资源高度集中在北京，人才高度聚集：仅中关村附近就有 90 余所高等院校，拥有中国最好的高等教育，同时拥有中科院等各类科研院所 400 余所、300 多家跨国公司研发中心、700 多位两院院士、约 1500 家股权投资机构。北京每年产生数千项科研成果，创造程度极高，在全国独占鳌头。在互联网、大数据、AI、自动控制、电子通信、网络安全等领域集聚了大量的科研教育资源和创新人才，为创新创业企业的发展提供了原动力。如今，北京正以中关村国家自主创新示范区为主要载体，以"三城一区"为主平台，加快建设全国科技创新中心。

以工业园区为代表的孵化器企业，不断推动北京成为中国高水平创新创业的摇篮和引擎。

（二）政府的有力支持

近年来，北京市出台了《关于进一步加强科技孵化体系建设的若干意见》《关于进一步推进高校科技园区发展的若干意见》《创新孵化器》等一系列政策。科技部、中宣部等相关部门陆续出台针对地方的政策，积极引导和推动基地建设，在经营范围、企业注册资本、税收、人才引进等方面给出了越来越优惠的条件。

在资金支持方面，北京市科学技术委员会自 2005 年起设立孵化体系建设专项资金，重点引导孵化器增强"软实力"。北京市经信委、人社局、中关村管委会等机构也给予孵化器建设大力支持，主要包括扶持中小微企业成长、吸引留学人才创业、助推孵化模式创新等。16 个区县还结合本地区产业布局，出台了促进孵化器成长的配套政策。海淀区、丰台区、西城区、昌平区、大兴（亦庄）等地纷纷设立孵化器扶持基金，支持当地孵化器企业发展。海淀区还颁布了《科技企业开办期集中办公区管理办法（试行）》，对降低企业经营成本、促进新型孵化器成长起到了积极作用。北京市级和区级两级政策的协调联动，极大地促进了孵化器的快速成长。

目前，"草根创业"和"大众创业"成为大家的共识，这标志着我国已进入依靠科技创新推动经济结构调整的新时期。围绕当前科技创业的大潮，推动科技孵化服务体系建设，已成为北京市创业孵化服务机构的共识和中心任务。

（三）文化创意产业集聚区起到了重要作用

新经济地理学的研究学者指出，地理邻近关系有利于区域内规模经济和专业化分工的形成，从而影响创新活动集聚。经济发达地区凭借资源和发展环境优势，可对初创企业和创意企业孵化器的发展形成巨大的吸引力和长期的"黏性"。从集聚经济学的角度看，经济发达地区的创新创业产业发展较早，基础设施较为完善、产业发展更为健全、企业集聚密度更高，创业团队、初创企业在这些地区发展不仅能有效降低创新创业的交通运输成本，获取更丰富的资源投入要素和更为广阔的市场，还能同成熟企业、研发机构进行知识、信息的交换，提升资源获取效率和双创成功率。

创意产业具有很强的渗透力和广泛的融合性，把技术、文化、制造和服务融为一体，既有利于产业的延伸，又大大拓展了城市产业的发展空间。北京文化创意产业集聚区一方面实现了城市空间功能优化，另一方面使城市文脉得以延续。北京文化创意产业集聚区的构成主体多样，塑造了多种创新创意选择空间，为北京发展创意产业孵化器发挥了重要作用。支持孵化高新技术企业的产业园区和孵化器，成为文化创意产业的新任务。

北京作为我国的文化中心，在文化创意产业发展方面同样发展较快，目前已形成以北京为核心辐射周边的环渤海创意产业集群。北京的文化创意产业以文艺演出、广播影视、文艺动漫、时装设计等为主。北京市文化创意产业实现增加值由 2006 年的 823.2 亿元增长至 2017 年的 3908.8 亿元，年均增速 15.2%。2018 年 5 月，北京市已腾退老旧厂房 242 个，总占地面积超过 2500 万平方米，已经转型利用的老旧厂房占地面积 601 万平方米，正在转型改造的占地 138 万平方米。此外，北京市政府专门成立了文化创意产业领导小组，并强调以发展文化创意产业为新引擎推动产业升级。目前北京拥有 30 个文化创意产业园区，创意类企业 2 万多家。

北京在居民新文化创意产品消费的带动下，通过市场的自发调节，北京已经涌现创意产业园区知名案例，形成了北京 798 艺术区、中关村创意产业试验基地、北京电影产业园、北京新华 1949 园区等一批北京文化创意产业集聚区。ING 数字娱乐产业示范基地、国家新媒体产业基地、潘家园古董艺术品。交易园、中关村科技园永和园、中关村软件园、宋庄原创艺术动漫产业集群、北京发改委工业设计创意产业基地、中国（怀柔）影视基地等，朝阳区改造升级798余家，751、莱金、朗源等60家老厂入驻文化产业特色园区，培育和发展移动新媒体、数字内容、虚拟现实/现实、网络游戏、数字出版等新业态，未来将形成"文化+科技""文化+金融"园区。一方面，孵化器或集聚区的形成凸显了市场在文化创意产业发展中的主导地位。另一方面，随着人们文化创意产品消费的多元化、自主选择和多样化趋势，北京文化创意产品消费市场可以起到很强的示范和引导作用。引导作用是推动国家创意消费观念的转变和文化消费趋势的创新。创意企业孵化器有所增加。从行业分布来看，企业主要分布在互联网、高端制造和高新科技这三大类。

总之，创意产业园区和孵化器构成了共同的产业运行链条。产业间、企业间相互激荡，形成了一系列的产业优势。在产业内，企业之间互动；产业外，企业可以结盟，共同向客户提供产品和服务。

（四）人工智能产业拓展了创意企业孵化器的发展空间

创意产业园区、创意产业孵化器和科技企业孵化器虽有着各自的发展规律，但它们之间你中有我、我中有你、相互依存、相互促进、共同发展。北京人工智能（AI）初创企业数量高居全国第一，为北京创意企业孵化器的发展起到了重要的推动作用。截至2019年4月，中关村人工智能相关企业达1084家，占全国人工智能企业总量的26.5%；获得过风险投资的人工智能企业442家，占全国的35.1%；"独角兽"企业11家，占全国的2/3。知名创投机构CB Insights评选的全球AI百强企业中有6家中国企业，其中5家来自中关村。目前，北京的AI总投资额超过550亿元，北京成为国内AI最强城市。

IDC（国际数据公司）与浪潮集团联合发布的《2019-2020中国人工智能计算力发展评估报告》，评估了中国人工智能发展现状，并为推动产业AI化发展提供了极具价值的参考依据和行动建议。该报告显示，北京拥有AI初创企业近500家，其中不乏明星企业，如寒武纪、地平线、第四范式等，这些企业在整个AI行业中具有标杆作用。互联网企业在AI领域投资依然较大，在中国AI投资市场份额中占比62.4%。除了位于北京的互联网巨头百度外，北京还有字节跳动、京东、小米等知名互联网公司，均在 AI 上有令人瞩目的成就。另外，北京高等学府集中，清华大学、北京大学、北京航空航天大学等都在培养 AI 人才，丰富的人才储备成为北京 AI 发展的巨大优势。中国城市人工智能能力排名显示，四大超一线城市在人工智能等领域的"吸附"效应开始凸显，同时围绕京津冀、长三角、大湾区三大经济圈形成的人工智能三大产业集群已初具雏形。

（五）发挥了辐射带动效应，为产业群的发展创造了有利的环境

北京长期探索服务输出和品牌输出，重视发挥辐射带动效应。如清华科技园在全国近 30 个城市设立了分园；如中关村软件园采用"虚拟孵化"模式，创新工程进入创新工场等公共培训基地。建立孵化基地，为其他城市输出了孵化模式。"一带一路"国家节展活动、北京文博会、北京国际设计周、北京国际电影节、北京国际图书节、北京科博会、北京艺术博览会、北京等国家级和市级文化活动文化创意创新创业大赛发挥了各自优势，拓展了创意企业的广度和深度。

建立孵化基地、输出孵化模式也许会产生集群间的激烈竞争，但企业间却可以分享信息资讯，聚合特定的需求，继而降低了交易成本。产业集群也能使一个个孤立的企业从较大规模的经济活动中受益，同时刺激相关产业和后续产业的发展，为产业群的发展创造了有利的环境。

第三章

北京文化创意产业概述

20 世纪 90 年代以来，随着文化创意产业①在全球兴起，纽约、伦敦、巴黎、法兰克福这些原本就富有文化活力的城市率先体会到了文化创意产业的魅力，成为全球著名的创意之都。在英国等国家提出创意产业、文化产业的概念后，世界主要国家和大城市都提出了文化创意产业的发展战略，文化创意产业成为主要发达国家的支柱产业。如英国 2002 年创意产业的 GDP 增加值超过金融业，占到 GDP 增加值的 8%；美国 2002 年全部版权产业的 GDP 增加值占当年 GDP 增加值的 11. 96%②。

中国的文化创意产业目前处于发展初期，但总体看，发展势头猛，数量增加快。北京市委市政府高度重视文化建设，在 2005 年 12 月召开的中共北京市委九届十一次全体会议上，将发展文化创意产业确立为北京文化建设的重要路径。该次会议指出："大力发展优势产业，积极培育首都经济新的增长点。着力抓好文化创意产业的发展，以发展文化创意产业为新的引擎，推动产业升级，重点扶持影视业、出版业、演出业、艺术品经营业、动漫和网络游戏业、文化会展业六个行业中心。"从当时的国内外背景来看，北京提出发展文化创意产业，主要是基于英国创意产业的成功经验和北京自身的优势。文化创意产业园作为经济发展转型、产业规模化和细分领域发展的重要载体，对国家文化事业和文化产业的

① 文化创意产业又可称为文化产业、创意产业、版权产业、内容产业等，但分类各不相同，后文中将会详述。本书在引用原著时使用原著称谓，在统称中均称为"文化创意产业"。

② 各国的统计口径不一样，不具有可比性。资料来源：英国文化、媒体和体育部 2004 年发布的《创意产业经济估算统计公报》《美国经济中的版权产业：2004 年报告》。

发展起到了重要的推动作用。

第一节　文化创意产业基本概念

一、文献综述

文化创意产业（Cultural and Creative Industries）是一种在经济全球化背景下产生的、以创造力为核心的新兴产业，强调一种主体文化或文化因素依靠个人（团队）通过技术、创意和产业化的方式开发、营销知识产权的行业。产业，主要从人的感受和体验出发，为产品和服务注入情感、观念、品位等文化元素。创意产业通常具有高知识性、高增值性和低能耗、低污染等特征。随着城市经济社会的不断发展，城市经济结构加速调整，具有满足居民精神文化需求、生活服务需求和提升产业能级功能的创意产业得到蓬勃发展。

文化创意产业主要包括广播影视、动漫、音像、传媒、视觉艺术、表演艺术、工艺与设计、雕塑、环境艺术、广告装潢、服装设计、软件和计算机服务等方面的创意群体。中国近几年大力建设文化艺术市场、公共展演场地（如国家大剧院、798 艺术区）等，除在既有制造业的优势下寻找出路，也开始重视文化创意产业的发展。

（一）海外定义

创意产业这个概念的出现有着深刻的历史背景：第一，欧美发达国家完成了工业化，开始向服务业、高附加值的制造业转变。他们一方面把一些粗加工工业、重工业的生产向低成本的发展中国家转移；另一方面又对老旧的传统产业进行改造，以适应经济转型的实际需要。第二，20 世纪 60 年代，欧美出现了大规模的社会运动，亚文化、流行文化、社会思潮等风起云涌，对传统的工业社会结构造成了很大的冲击。人们更重视差异，反对主流文化，张扬个性的解放，开始承认以前普遍认为的怪异的多元文化，社会文化更加多元，形成了有利于发挥个人创造力的氛围。第三，20 世纪 80 年代，英、美等国的经济政策更加鼓励私有化、自由竞争、企业和个人创新，刺激了创意产业的发展。在这样的时代背景下，创意产业在西方发达国家萌生并不断发展。就世界范围来看，美国的文化产业最为发达，文化产业在其国内 GDP 中所占的比重也非常大。

　　创意产业在不同的国家有不同的名称，比如在英国、澳大利亚、新西兰、新加坡等国被称为"文化创意产业"。

　　1997 年，"文化创意产业"的最早称谓——"创意产业"在英国诞生。英国首相布莱尔为振兴英国经济，提议并推动成立了"创意产业特别工作组"。其筹划文件 1998 年出台的《英国创意产业路径文件》把创意产业定义为："源于个人创造力、技能与才华，通过知识产权的生成和运用，具有创造财富和就业潜力的产业。"这个定义强调个人的创造力、灵感、理念、技艺是创造价值的重心。从该定义可以看出，创意产业有两大特征：一是以个人创意为动力；二是以知识产权为保障。据此定义，英国将"创意产业"细化为 13 个大类。

　　1998 年，新加坡出台《创意新加坡》计划，2002 年又公布《创意产业发展战略》。在该战略中，创意产业被定义为"行业中的群体或个人的创造力和技术，通过知识产权的保障形成具有经济价值的产业"。在创造力和技术转化过程中，如果该创意无法通过企业行为在市场上出现或者通过企业行为创造就业机会，就称不上创意产业。新加坡将创意产业分为三大类 13 个行业。

　　在美国、加拿大等国，文化创意产业通常被表述为"版权产业"，该产业是由以艺术为中心的创意产业和以创意为中心的版权产业共同构成。由此含义可以看出，艺术和版权是创意产业的核心，与此相关的都包含在创意产业中。《美国经济中的版权产业：2004 年报告》定义的版权产业主要包含四大类：核心版权产业、交叉版权产业、部分版权产业、边缘版权产业。

　　联合国教科文组织将创意产业定义为：结合创意生产和商品化等方式，运用本质为无形的文化内涵，这些内容基本上受著作权保障，形式是物质的商品或非物质的服务。

　　除了国际组织、各国和各地区政府的定义外，国外一些学者也对文化创意产业的内涵进行了研究。

　　R. E. 凯夫斯在《创意产业经济学》中阐述了"创意产业"（Creative

Industry），他根据创意产业所提供的产品的特征——具有文化价值、艺术价值或是单纯的娱乐价值划定了一个大致的产业范畴，但他并没有给出一个明确的概念。凯夫斯从创意的角度对文化产业进行研究，认为创意就是"艺术创造"，其核心在于行为规律的特殊性和组织模式的特殊性。

约翰·霍金斯（2001）在 *The Creative Economy：How People Make Money from Ideas* 中把创意产业界定为："其产品都在知识产权法保护范围内的经济部门区域内，以创意资本的投入把所有产业联系在一起。"知识产权主要包括基于专利（Patent）、版权（Copyright）、商标（Trademark）和设计（Design）四项产业而产生的智慧财产。每一类知识产权都有自己的法律实体和管理机构，都产生于保护不同种类的创造性产品的愿望。霍金斯认为，知识产权的四种形式各有一个庞大的工业与之相对应，加在一起，"这四种工业就组成了创造性产业和创造性经济"。简言之，创意产业指一系列关于知识和信息产生或散播的经济活动，其形式多样，包括文化产业或者创意经济。

目前，国际上比较权威的创意产业的定义是：通过创意与技术的充分开拓和利用，附以知识产权的开发和应用，分配具有社会、经济及文化意义的产品与服务，成就一个创造财富与就业的生产系统。

（二）国内界定

虽然中国有悠久的历史，丰富的文化资源，但是在以产业形式进行文化推广方面的工作做得还不够。国内一直对"软实力"有误解，认为"软实力"就是怎样卖电影、书籍等文化产品，实际上，"软实力"最核心的是有吸引力的价值观。

近年来，国内不少学者也对文化创意产业进行了研究，但大多是对国外创意产业概念的介绍。蒋三庚在《文化创意产业研究》中，比较了世界各个国家和地区对文化创意产业认识的异同，并未提出自己的观点。

"文化创意产业"的提法最早出现在中国台湾。台湾地区把文化创意产业定义为：源于创意或文化积累，透过智慧财产的形成与运用，具有创造财富与就业机会潜力，并促进整体生活环境提升的行业。文化创意产业主要包括 13 个大类：视觉艺术、音乐与表演艺术、文化展演设施、工艺、电影、广播电视、出版、广告、设计、数字休闲娱乐、设计品牌时尚、建筑设计、创意生活。

张京成在《中国创意产业发展报告（2006）》中，根据我国实际把创意产业分为八个大类，分别是工业设计类、影视艺术类、软件服务类、流行时尚类、建筑装饰类、展演出版类、广告企划类和运动休闲类。① 从创意产业特征的角度，张京城认为"创意产业是具有一定文化内涵，来自人类的创造力和聪明才智，并通过科技的支撑作用和市场化运作可以被产业化的活动的总和"。

金元浦（2005）指出，文化创意产业是在全球化条件下，根据现代精神文化娱乐消费需求，通过高科技技术手段支撑，以网络等最新传播方式为主导，以文化艺术与经济、科技全面结合为自身特征的新兴产业。

刘义（2011）认为，文化创意产业是指依靠人的智慧、技能和天赋，借助高科技对自然资源和文化资源进行创造与价值提升，通过知识产权的开发和运用，产出高附加值的产品、具有创造财富和就业潜力的产业。

北京市是较早组织力量对文化创意产业进行研究的城市，认为文化创意产业为以创作、创造、创新为根本手段，以文化内容和创意成果为核心价值，以知识产权实现或消费为交易特征，为社会公众提供文化体验的具有内在联系的行业集群。2006 年，北京市统计局发布了《北京市文化创意产业分类标准》将文化创意产业分为九大类 13 个行业。

通过对国内外文化创意产业概念的梳理不难发现，目前理论界对文化创意产业的界定不统一，分类也比较模糊，虽然一些政府文件对文化创意产业的内涵和外延进行了界定，但笔者认为仍存在不尽合理之处。笔者认为，"文化"和"创意"是并列作为定语修饰"产业"的，即"文化创意产业"是"文化产业"和"创意产业"的总和，是传统文化和现代文化的融合，也是文化和科技的融合。这样理解的"文化创意产业"能涵盖更为广泛的文化经济活动，也消除了现在"创意产业"和"文化创意产业"两种提法之间的争论。"文化创意产业"应该指企业依靠创意人的智慧、技能和天赋，借助于高科技对文化资源进行创造与价值提升，通过知识产权的开发和运用，产出高附加值的产品，具有创造财富和就业潜力的产业。人才、企业和技术三要素，缺一不可，而核心在于"创造力"。

国外及国内对文化创意产业的界定具体如表 3-1 所示。

---

① 张京成. 中国创意产业发展报告［M］. 北京：中国经济出版社，2007.

表 3-1　国内外文化创意产业概念

国家或地区	概念	类别
英国	源于个人创造力、技能与才华，通过知识产权的生成和运用，具有创造财富和就业潜力的产业	13 大类：广告；建筑；艺术和文物交易；工艺品；设计；时装；电影；互动休闲软件；音乐；表演艺术；出版；软件；电视广播
美国	采用"版权产业"的界定方法，指生产和分销知识产权的行业	四大类：①核心版权产业，主要包括广播影视业、录音录像业、图书报刊出版业、戏剧创作业、广告业、计算机软件和数据处理业等；②部分版权产业，如纺织业、玩具制造业、建筑业等；③发行类版权产业，主要包括书店、图书馆、电影院线和相关的运输服务业等；④版权关联产业，包括计算机、收音机、电视机、音响设备等产业
日本	采用"感性产业"的界定方法，指感动人心的产业	三大类：内容产业；休闲产业；时尚产业
中国北京	以创作、创造、创新为根本手段，以文化内容和创意成果为核心价值，以知识产权实现或消费为交易特征，为社会公众提供文化体验的具有内在联系的行业集群	九大类 13 个行业：文化艺术；新闻出版；广播、电视、电影；软件、网络及计算机服务；广告会展；艺术品交易；设计服务；旅游、休闲娱乐；其他辅助服务
中国香港	源自个人创意、技巧及才华，通过知识产权的开发和运用，具有创造财富及就业潜力的行业	11 大类：艺术品、古董及工艺品；文化教育及图书馆、档案保存和博物馆服务；表演艺术；电影及录像和音乐；电视及电台；出版；软件、电脑游戏及互动媒体；设计；建筑；广告；娱乐服务
新加坡	行业中的群体或个人的创造力和技术，通过知识产权的保障形成具有经济价值的产业	三大类 13 个行业：①艺术与文化，包括摄影、表演及视觉艺术、艺术品与古董买卖、手工艺品；②设计，包括软件设计、广告设计、建筑设计、室内设计、平面产品及服装设计；③媒体，包括出版、广播、数字媒体、电影
中国台湾	源于文化沉积与创意，透过对智慧财产的运用，具有创造财富与就业机会的潜力，并促进整体生活提升之行业	13 大类：数字休闲娱乐；视觉艺术；出版产业；音乐与表演艺术；文化展演设施；工艺；设计品牌时尚产业；电影；广播电视；广告；设计；创意生活；建筑设计

资料来源：根据公开资料整理。

二、本书的观点

联合国、中国、欧盟、韩国等国采用文化产业这一称谓；英国与大部分英联邦国家及其相关地区（如新西兰）则主要称创意产业；美国、加拿大等北美国家则主要采用北美产业分类系统（NAICS）中的版权产业指代文化创意产业，其所包括的信息和文化产业（一级编码51）、艺术娱乐和休闲业（一级编码71）中的部分产业，与上述国家和地区界定的文化创意产业的涵盖范围相似。上述概念虽意义不同，但并无本质区别，只要较好地界定了文化创意产业的门类和统计口径，有助于产业间比较和城市、国家间比较即可。

"文化创意产业"主要是指文化产品的创作阶段，是以完成"创意"为根本目标的活动。就其所指而言，"创意"更为抽象而"文化"相对专门；就其属性而言，创意产业更接近经济学而文化产业更接近价值、意义和意识形态；就其使用而言，创意产业更受欢迎而文化产业易生疑虑。"创意"的资源是文化，但"创意"行为本身却不像"文化产业"那样拥有源远流长的理想和规范意义。① 从概念上来看，"文化创意产业"比"文化产业"或"创意产业"更具包容性，从形式上涵盖了这一类产业最核心的两个资源要素——创意（个体）和文化（整体）。

文化创意产业是一个既融合又独立的复杂产业体系，但到目前为止，其广泛丰富的产业内涵与快速多变的生产形式，使人很难对它有一个全面正确的认识。笔者在总结前人研究的基础上，对文化创意产业的特征进行了归纳和总结，认为"文化创意产业"应该具备以下几个主要特征：

第一，创新性。这是创意的内在要求和本质特征。创新不仅是产业发展的主要推动力，而且也是经济财富和社会效益产生的源泉。创新性表现为在经济和社会领域生产或开发一种新产品；更新和扩大产品、服务和市场；采用新的生产方法；建立新的管理制度。它既是一个过程，也是一个结果。这一特性可以使我们从产业链的角度明确区分"文化创意产业"和"文化产业"。一般认为，创造性是人类区别于动物的主要属

---

① 单世联，岑光波. 文化产业与文化创意产业理论研究［J］. 中原文化研究，2017（2）：40-47.

性之一，是个体与社会的普遍品质。

第二，文化性。"文化"这一特性可以使我们明确区分"文化创意产业"和"科技研发"等其他同样带有"创新性"的产业。以文化和创意为基础，是特定行业人类知识、智慧和灵感的物化表现。文化创意产业依靠高新技术创造和推广文化资源。

第三，产业性①。这一特性可以使我们明确区分现代的"文化创意产业"和以前附属于其他产业的"文化创意活动"。文化创意活动在人类产生的那一刻就产生了，但是，为什么直到现代社会才有"文化创意产业"这一说法？是因为某一"活动"要成为"产业"，必须要具备以下特征：首先，这种"活动"的主体必须具有独立性，而不作为其他产业的附属而存在。从微观角度看，"活动"主体具有独立的产权，能够独立行使决策权，独立承担市场风险。其次，这种"活动"的产值规模和就业人数必须达到"产业"的一定标准。通过以上的分析，我们可以给文化创意产业下一个简单而明了的定义：文化创意产业是源于文化元素，进行文化产品创新活动的，基于社会分工而形成的独立主体活动的集合。

第四，交互性。消费者与创造者之间复杂的交互关系是文化创意产业另一大特征。美国经济发展学教授理查德·弗罗里达在《创意经济》一书中认为，创意阶层主要集中在"专家思维"与"复杂沟通"等领域，涵盖的人群有科学家、工程师、艺术家、文化创意人员、经理人和专业人士。他研究了创意阶层的产生和作用机制，对提高人们对创意的认识——"复杂沟通"有很大的促进作用。研究的结果之一是，文化产业与传统产业最大的不同在于创造者与消费者的交流和交融，理查德·弗罗里达称为符号信息（Symbolic Information）的"编码与译码"过程。

文化创意产业的发展需要不断创意和创新，互联网推动了产业各领域跨界协同效应的产生，改变了文化产品的融资模式、创作模式、生产模式和消费模式等。各种互联网平台为创意人群和产品市场搭建了交流

---

① 在"产业经济学"中，产业既有狭义的概念，也有广义的概念。狭义的概念仅仅指能够按照市场经济规律运行的那些行业；而广义的概念则类似于"行业"，是指一类经济活动的集合，既包括狭义的"产业"，也包括"事业"。本书采用广义的"产业"概念，目的有二：第一，狭义"产业"和"事业"并无绝对的分野，在某种意义上只是"对待政府介入态度"不同的主观反映，因此不足以对"某一类经济活动的集合"进行割裂；第二，本书对文化创意产业的界定只基于产业目的（文化创意）和社会分工（独立行为主体），营利与非营利属性不对这一界定标准构成影响。

平台，形成了创意分享和价值共享的众筹发展模式，为文化创意产业的创新发展提供了各种可能，消费者与创造者之间的交互关系更为明显。

第五，融合性。文化创意产业作为一种新兴的产业，是经济、文化、技术等相互融合的产物，具有高度的融合性、较强的渗透性和辐射力，为发展新兴产业及其关联产业提供了良好的条件。文化创意产业通过"跨境"促进不同行业和领域的结构调整与合作，带动相关产业的发展、推动区域经济的发展，从而全面提升人民群众的文化素质。

部分学者主张将任何形式的具有创造性和创新特征的产业都归结为创意产业，并据此认为在称谓上应以"创意产业"代替"文化创意产业"。笔者认为，将创意限定于社会文化领域，将其与科学技术领域的创造和经济商务领域的创新区别开来，对于发现和研究文化创意产业的独特价值、推动和扶持文化创意产业的发展是十分必要的，应保留文化创意产业的称谓，以突出创意的文化特征。

目前，北京市使用的是文化创意产业这一称谓，本书以北京为研究对象，因此采用文化创意产业这一概念。

三、北京市文化创意产业的具体界定

文化创意产业（Cultural and Creative Industries）是一种在经济全球化背景下产生的以创造力为核心的新兴产业。2006 年 12 月，北京在中国香港、台湾地区之后，成为我国第三个制定文化创意产业分类标准的城市。

根据《北京市文化创意产业分类标准》（京统发〔2006〕154 号），北京市所称的文化创意产业是以创作、创造、创新为根本手段，以文化内容和创意成果为核心价值，以知识产权实现或消费为交易特征，为社会公众提供文化体验的具有内在联系的行业集群。

如果说国家统计局发布的文化产业标准反映的主要是文化和经济的融合，那么北京市对文化创意产业的定义及分类则进一步关注了科技发展对文化、经济活动的深刻影响，更加强调文化、技术和经济三者的深度融合，其范围既包括文化产业的全部内容，同时也包括文化产业以外的科技创新活动。

北京市文化创意产业的九个大类指文化艺术，新闻出版，广播、电视、电影，软件、网络及计算机服务，广告会展，艺术品交易，设计服务，旅游、休闲娱乐以及其他辅助服务。每个大类又包括若干个中类及小类。例如，文化艺术包括文艺创作、表演及演出场所，文化保护和文化设施服务等五个中类以及文化艺术经纪代理等 12 个小类。北京市文化创意产业分类具体如表 3-2 所示。

表 3-2　北京市文化创意产业分类

类别名称	国民经济行业代码
一、文化艺术	
1. 文艺创作、表演及演出场所	
文艺创作与表演	9010
—文艺创作服务	
—文艺表演服务	
—其他文艺服务	
艺术表演场馆	9020
2. 文化保护和文化设施服务	
文物及文化保护	9040
—文物保护服务	
—民族民俗文化遗产保护服务	
博物馆	9050
纪念馆	9060
图书馆	9031
档案馆	9032
3. 群众文化服务	
群众文化服务	9070
—群众文化场馆	
—其他群众文化活动	
其他文化艺术	9090
4. 文化研究与文化社团服务	
社会人文科学研究与试验发展	7550
专业性团体 *	9621
—文化社会团体	
5. 文化艺术代理服务	
文化艺术经纪代理	9080

类别名称	国民经济行业代码
二、新闻出版	
1. 新闻服务	
新闻业	8810
2. 书、报、刊出版发行	
（1）书、报、刊出版	
图书出版	8821
报纸出版	8822
期刊出版	8823
其他出版	8829
（2）书、报、刊制作	
书、报、刊印刷	2311
包装装潢及其他印刷 *	2319
（3）书、报、刊发行	
图书批发	6343
图书零售	6543
报刊批发	6344
报刊零售	6544
3. 音像及电子出版物出版发行	
（1）音像制品出版和制作	
音像制品出版	8824
音像制作	8940
（2）电子出版物出版和制作	
电子出版物出版	8825
—电子出版物出版	
—电子出版物制作	
（3）音像及电子出版物复制	
记录媒介的复制 *	2330
—音像制品复制	
—电子出版物复制	
（4）音像及电子出版物发行	
音像制品及电子出版物批发	6345
音像制品及电子出版物零售	6545
4. 图书及音像制品出租	
图书及音像制品出租	7321

类别名称	国民经济行业代码
三、广播、电视、电影	
1. 广播、电视服务	
广播	8910
—广播电台	
—其他广播服务	
电视	8920
—电视台	
—其他电视服务	
2. 广播、电视传输	
有线广播电视传输服务	6031
—有线广播、电视传输网络服务	
—有线广播、电视接收	
无线广播电视传输服务	6032
—无线广播、电视发射台、转播台	
—无线广播、电视接收	
卫星传输服务 *	6040
3. 电影服务	
电影制作与发行	8931
—电影制片厂服务	
—电影制作	
—电影院线发行	
—其他电影发行	
电影放映	8932
—电影院、影剧院	
—其他电影放映	
四、软件、网络及计算机服务	
1. 软件服务	
基础软件服务	6211
应用软件服务	6212
其他软件服务	6290
2. 网络服务	
其他电信服务	6019
互联网信息服务	6020
—互联网新闻服务	

续表

类别名称	国民经济行业代码
—互联网出版服务	
—互联网电子公告服务	
—其他互联网信息服务	
3. 计算机服务	
计算机系统服务	6110
其他计算机服务	6190
五、广告会展	
1. 广告服务	
广告业	7440
2. 会展服务	
会议及展览服务	7491
六、艺术品交易	
1. 艺术品拍卖服务	
贸易经纪与代理 *	6380
—艺术品、收藏品拍卖服务	
2. 工艺品销售	
首饰、工艺品及收藏品批发	6346
工艺美术品及收藏品零售	6547
七、设计服务	
1. 建筑设计	
工程勘察设计 *	7672
2. 城市规划	
规划管理	7673
3. 其他设计	
其他专业技术服务	7690
八、旅游、休闲娱乐	
1. 旅游服务	
旅行社	7480
风景名胜区管理	8131
公园管理	8132
其他游览景区管理	8139
城市绿化管理	8120
野生动植物保护 *	8012
—动物观赏服务	
—植物观赏服务	

续表

类别名称	国民经济行业代码
2. 休闲娱乐服务	
摄影扩印服务	8280
室内娱乐活动	9210
游乐园	9220
休闲健身娱乐活动	9230
其他娱乐活动	9290
九、其他辅助服务	
1. 文化用品、设备及相关文化产品的生产	
（1）文化用品生产	
文化用品制造	241
乐器制造	243
玩具制造	2440
游艺器材及娱乐用品制造	245
机制纸及纸板制造 *	2221
手工纸制造 *	2222
信息化学品制造 *	2665
照相机及器材制造	4153
（2）文化设备生产	
印刷专用设备制造	3642
广播电视设备制造	403
电影机械制造	4151
家用视听设备制造	407
复印和胶印设备制造	4154
其他文化、办公用机械制造 *	4159
（3）相关文化产品生产	
工艺美术品制造	421
2. 文化用品、设备及相关文化产品的销售	
（1）文化用品销售	
文具用品批发	6341
文具用品零售	6541
其他文化用品批发	6349
其他文化用品零售	6549
（2）文化设备销售	
通信及广播电视设备批发 *	6376
照相器材零售	6548

类别名称	国民经济行业代码
家用电器批发 *	6374
家用电器零售 *	6571
3. 文化商务服务	
知识产权服务	7450
其他未列明的商务服务 *	7499
—模特服务	
—演员、艺术家经纪代理服务	
—文化活动组织、策划服务	

注：①"*"表示该行业类别仅有部分活动属于文化创意产业，②类别前加"—"表示行业小类的延伸层。

资料来源：《北京市文化创意产业分类标准》。

《北京市文化创意产业分类标准》具有以下三方面属性：

第一，该分类标准是中国内地制定的首个关于文化创意产业的分类标准。截至2006年，正式使用文化创意产业概念的有我国的台湾、香港和北京三个地区。北京市制定文化创意产业分类标准不仅参考了香港和台湾的做法，同时也借鉴了英国、美国、加拿大等国的做法。该标准涵盖了与文化创意产业相关的行业，注意与国内外标准的有效衔接，具有较强的可比性。

第二，该分类标准是《国民经济行业分类》的派生分类，是立足北京发展实际的地方标准。《北京市文化创意产业分类标准》基于《国民经济行业分类》，并根据文化创意活动的特点对国民经济行业分类进行了重新组合。所以，该分类标准是国民经济行业分类标准的派生分类。分类充分考虑了北京的资源优势和未来发展的重点，所以该分类标准在体系安排上兼顾了文化创意活动自身的特点和北京产业发展的现实需要。

第三，该分类标准是从产业链角度研究制订的分类标准，在范围上跨越了第二、第三产业的传统分类。文化创意走向产品、产权和消费的过程，是产业链形成的过程，可推动文化创意产业的发展，所以必须注重产业链的拓展和延伸，这是国际上发展文化创意产业特别强调的一个规律。北京市文化创意产业分类涵盖了设计研究、生产制造和传播销售等各个环节的相关行业，包含了产业链的全过程，在范围上跨越了第二、第三产业的传统分类。

　　行业政策是北京市文化创意产业政策中的重要类型。根据 2016 年修订版的《北京市文化创意产业分类标准》，北京市各级政府颁布的与文化产业政策各行业相关的 37 条政策主要集中在五大类行业中，分别是文化艺术服务、文化休闲娱乐、广播电视电影、软件和信息技术及广告和会展服务。其中文化休闲类数目最多，为 16 条，占比接近一半，文化艺术服务行业 9 条，广播电视电影类 7 条，其他行业则相对较少。而文化艺术服务类中，多数是关于文物及非物质遗产保护的，而文化休闲娱乐行业政策中主要是旅游行业政策。文化创意产业行业的具体规定经过三版的修订后，北京市政府各部门及区县政府在文化创意产业的政策引导上更为注重差异化，但在实际政策扶持中，无论是区县还是各部门，主要的行业政策的方向都集中在个别行业，因而北京市文化创意产业行业政策引导的差异化并未有实际的体现。

　　2018 年，国家统计局根据文化产业发展的新环境、新特点、新局面，印发了最新调整的《文化及相关产业分类（2018）》。

　　新调整的文化及相关产业分类共包括两大领域、九个大类、43 个中类、146 个小类。文化核心领域包括新闻信息服务、内容创作生产、创意设计服务、文化传播渠道、文化投资运营、文化娱乐休闲服务；文化相关领域包括文化辅助生产和中介服务、文化装备生产、文化消费终端生产。产业类别的重新划分呼应了移动互联网时代文化产业业态更新、模式变革、产业融合的新局面。

第二节　北京发展文化创意产业的背景

　　北京发展以创新为核心、以知识产权为依托的文化创意产业，有利于促进文化与经济的有机结合，最大限度地发挥人才的创造性，推动创意的形成，把丰富的文化资源优势转化为文化创意产业发展优势。

一、外受英国创意产业的启发

研究文化创意产业，必须先了解创意产业。英国最早提出"创意产业"概念，并对其实施政策性推动。1997 年，以"新英国"为执政理念的托尼·布莱尔出任首相，主张"通过英国引以为豪的高度革命性、创造性和创意性来证明英国的实力"，明确创意产业的突出地位。

（一）英国发展的创意产业的概念与分类

英国于 1998 年和 2001 年两次发布《创意产业路径文件》，普及创意产业理念。其中，1998 年版正式确立了"创意产业"这一专有名词，2001 年版则进一步明确了定义，即创意产业是指那些源于个人创造性、技能和才华的产业，这些产业通过知识产权的生成与开发具备了创造财富与就业的潜力。其由 13 个门类组成，包括广告、建筑、艺术和文物、手工艺品、设计、时装设计、电影与视频、互动休闲软件、音乐、表演艺术、出版、软件和计算机服务、电视广播。

按照英国文化、媒体和体育部（DCMS）的《英国创意产业比较分析》，这 13 个创意产业门类可以归为产品、服务以及艺术和工艺三个大类。其中，产品大类包括出版、电视和广播、电影和录像、互动休闲软件及时尚设计五个门类，服务大类包括软件和计算机服务、设计、音乐、广告及建筑五个门类，艺术和工艺大类包括表演艺术、艺术和古玩及工艺三个门类（见表 3-3）。

表 3-3　英国创意产业的分类

分类	具体行业	核心活动
产品行业	电影和录像	电影剧本的创作、制作、分销、展演
	电视和广播	节目制作与配套（频道、销售、资料库），广播（媒体销售与节目单），传送
	出版	原创书籍出版：教育类、儿童类、一般类，学习类期刊出版，杂志出版，报纸出版，数字内容出版
	互动休闲软件	游戏开发、出版、分销、零售
	时尚设计	服装设计、展览用服装的制作、咨询与分销

续表

分类	具体行业	核心活动
服务行业	音乐	作词与作曲，录音产品的制造、分销与零售，录音产品与作曲的著作权管理、翻录及促销、现场表演（非古典）管理
	建筑	建筑设计，信息制作，计划审批
	设计	设计咨询（新产品开发、信息设计、企业形象、品牌识别等），环境设计与室内设计，工业零部件设计
	广告	消费者研究，消费者品位与反应识别，客户市场营销计划管理，广告创作，促销，广告资料生产，购买与评估，公关策划，媒体策划
	软件设计	软件开发：制定合约、确定解决方案、项目管理、系统整合、基础设计、软件结构与设计、系统设计与分析、系统软件
艺术和工艺行业	工艺	珠宝与银器、陶瓷、玻璃、金属、纺织品等的创作、生产及演示
	表演艺术	内容创作、戏剧、歌剧、音乐剧、当代舞蹈和芭蕾的现场表演，表演制作，服装设计与制作，旅游，灯光音响
	艺术和古玩	艺术品古玩交易：纸质作品、雕塑、绘画、其他艺术（如编织）、家具、其他大量生产品（如大量生产的玩偶、玻璃制品、陶制品、包装材料、广告、玩具屋等）、纺织原料、女装设计、名人签名、古玩、金属制品、地图、书籍、装订等的零售，包括通过专家现场会、拍卖会、画廊、互联网、百货商店、仓储店、专门店的零售

资料来源：根据公开资料整理。

经过多年的发展，英国的创意经济获得了较高的成就，规模在全球名列前茅。2014 年公布的数据显示，英国的创意产业每年为其国家做出的经济贡献高达 714 亿英镑，相当于平均每小时就有 800 万英镑入账。从创意经济占国家 GDP 总量的比例来看，英国拥有欧盟最大的创意产业；从绝对数量上看，英国是文化产品和服务出口最成功的国家。2014 年，英国在由世界知识产权组织、康奈尔大学和英氏国际商学院共同发布的"全球创新指数"排名中跃至第二位。英国创新中介机构 NESTA 于 2015 年初发布了一份报告，对英国创意和高科技经济领域的就业情况以及创意产业的规模、增长速度及其在英国各地的分布情况进行了一次系统的剖析。研究显示，英国的创意经济在 2013 年为英国社会提供了 260 万个就业机会，创意产业的就业岗位占据英国就业总岗位的 5.6%。英国广播公司报道称，英国文化、媒体和体育部的数据显示英国的创意经济 2013年较 2012 年同比增长 9.9%，该行业的增长速度相当于英国整体经济增速的 3 倍①。英国在发展文化产业方面，有着悠久历史，其成功经验颇有可取之处。

（二）英国发展创意产业的举措

1. 多政策扶持和推动

英国是世界上第一个运用政策推动文化产业发展的国家，多年的实践证明，英国的文化发展政策和经济结构调整政策顺应了世界经济发展潮流，取得了巨大的成功。

英国的文化产业政策由创意产业特别工作小组（CITF）负责制定。1993 年，英国发布了《创造性未来》报告，第一次以官方文件的形式发布了国家文化发展战略。自此，CITF 在大量研究的基础上，根据产业的实时发展情况前瞻性地推出新的政策，后来的实践均证实了政策的有效性。英国文化产业政策制定的前瞻性、方向性、指导性和有效性以对产业现实发展的精准把握为基础，这种把握得益于政府对基础理论研究的重视以及中介组织所提供的咨询服务。

2. 多举措解决融资问题

由于具有规模小、盈利前景不明朗以及轻资产等特点，文化产业一直受到资金短缺的困扰，难以从金融市场上获取资金。英国文化产业的成功建立在公共和私人投资的结合上，采用"三三制"的资本结构来发展文化产业：1/3 由政府财政拨款；1/3 来自社会资金包括彩票收入、社会捐助、银行信贷和风险投资等；1/3 来自企业组织的自身活动所得，如门票收入、场地租用费等。

政府财政支持一直以来都在英国文化产业的发展中发挥着极其重要的作用，可在压力和风险之下为个体提供更为广阔的空间与条件。除提供资金支持外，政府还在如何获取资金等方面提供咨询服务。另外，掌握大量社会资金的慈善组织与企业建立合作关系，也是英国文化产业资金融通的一个重要途径。企业通过与志同道合的组织建立互利互惠的合

---

① 创意经济帮英国华丽转身：去工业化的替代选择 [N]. 环球时报，2015-03-04.

作关系，确保每个企业实现在企业社会责任、市场营销和人力资源（招聘）方面的目标。

3. 多路径培养创意人才

英国对创意人才的培养是从基础抓起且多路径的。从小学开始就一直给学生设置多种艺术课程，这些课程并不设置考试也没有考级导向，完全是为了培养孩子的艺术鉴赏力、创造性和创新力，这对于整个国家文化产业的发展、文化市场的培养都有着深远的影响。

4. 打造新型文化产业智库

英国文化产业的管理体制分为中央政府部门、半自治非政府组织、各行业性联合组织三层。其中，半自治非政府组织处于中间层，主要职责是为政府制定政策提供咨询，对文化拨款进行分配和评估，协助政府制定并具体实施相关政策，对文化机构进行评估、拨款，为各行业性联合组织提供专业咨询和服务，实际上发挥着文化产业智库的作用，如英国艺术委员会、英国电影委员会、英国国家科技艺术基金交流会等。这些机构由于长期地直接与文化企业、各类组织及各行业性联合机构打交道，深入了解本国文化产业发展现实，其工作往往卓有成效。英国政府也一直高度重视此类智库机构的建设，如 2018 年 9 月在英国国家科技艺术基金会交流会的牵头下，设立了一个新的政策和证据中心，该中心致力于提供独立的研究和权威建议，以协助英国文化产业政策的制定，推动行业持续繁荣。

5. 重视文化产业数据库建设

英国文化产业对数据统计、整理较为重视，全面、及时且描述到位，这使其产业政策的制定能够紧密结合现实，富有针对性。DCMS① 在其网站上不断更新其主管行业的经济数据，包括描述现状的各项数据指标、政策及对外贸易情况。现行发布的 DCMS 经济评估报告，详细列示文化产业分地区、分行业的数据，不仅有数据指标，还有对现实情况的描述。每年年初，均可以查阅到上一年完整的产业发展数据和各项分指标的详细报告。除此之外，还有专门对统计方法说明的报告，详细说明每项数据的具体含义、整理方法以及前后变动的情况等，在统计口径、统计方

---

① 1997 年托尼·布莱尔上台后，创立英国文化、媒体和体育部（DCMS），内设创意产业工作组（Creative Industries Task Force），大力推进创意产业发展。

法发生变动时，数据也会得到调整。

二、内因北京发展的现实要求

（一）北京具备发展文化创意产业扎实的物质基础

文化产业作为北京的支柱产业，占 GDP 的比重始终保持增长态势，从 2004 年的 6.4% 提升到 2018 年的近 10%，2018 年全市规模以上文化产业实现收入 1.07 万亿元，是 2013 年的 2 倍。文化创意产业是高增长行业，2008 年以来中国文化创意产业 GDP 年均增长 16.5%，北京同期 GDP增速比全国高 3.7 个百分点，而且北京文化创意产业的增加值每年都以两位数增长，可见文化创意产业已成为首都"高精尖"经济发展的重要引擎。

自从全面推进文化创意产业发展以来，北京市核心文化产业发展迅速，文化创意产业迅猛发展。例如，在创意设计领域，北京是联合国教科文组织认定的"设计之都"，2018 年有专业设计机构 2.3 万家，从业人员 25 万人，人均创造收入 100 余万元。

（二）文化资源优势得天独厚

北京是全国文化中心，有得天独厚的文化资源优势。这些资源优势促进了产业的优化发展，具体体现在三个核心优势上：

第一，影视、出版发行资源优势。广播影视、出版发行、演艺娱乐，是满足市民精神文化需求、推动北京建设全国文化中心的重要产业。2012 年，北京地区仅有 17 条院线 135 家影院，票房收入 16.1 亿元。2017 年，北京营业电影院 209 家，比 2016 年新增 26 家，银幕数 1420 块，新增 211 块；放映场次 273.71 万场次，观影人次 7636.31 万人，票房总收入 33.95 亿元，同比增长 12.1%。内容供给方面，北京市创作生产的电影数量几乎占全国一半，2018 年生产影片 410 部，立项备案影片 1100余部；制作电视剧 51 部 2325 集，占全国总量近三成，其中不乏老百姓喜闻乐见的影视作品。2018 年，北京市演出市场再创佳绩，演出 24684 场，观众人数达 1120.2 万人次，收入增至 17.76 亿元。

北京创作生产的《战狼 2》《羞羞的铁拳》分别成为年度国产电影票房冠亚军。众多影视行业的领军企业选择在北京发展，同时北京拥有多所高水平的艺术院校，最有影响力的影视人才均集聚于此。

第二，信息资源优势。媒体融合领域的绝对领先地位促使北京可以充分运用数字传媒、移动互联等科技手段，构建立体、高效、覆盖面广、功能强大的国际传播网络。此外，北京还是短视频、自媒体、知识付费等新业态创业公司的聚集地，在"互联网+"融合业态的发展中，北京具备良好的发展空间，可在内容产业上建立起产业集群。

第三，文博资源优势。2016 年北京拥有 157 家博物馆，位居世界前列，故宫博物院的文创产业实现了文博资源的新开发，新利用，新传播，《我在故宫修文物》成为网络热播视频，各种高水平的展览吸引人们"故宫跑"，朝珠耳机等文创产品热销。从故宫的成功案例中我们可以发现，北京的文博资源可开发的潜力非常大，秉承传统文化底蕴对文博价值进行新时代的表达，文化艺术领域的文创价值才会被激发。

在文博非遗方面，北京有 800 余年古都的深厚文化底蕴。中央强调让文物活起来，2016 年出台了专门的措施，推动了文化单位文化创意产品的开发，故宫等单位都在进行衍生品开发，市场拓展取得了较好的成绩。2018 年 6 月，北京市八个部门联合出台了《关于推动北京市文化文物单位文化创意产品开发试点工作的实施意见》，在薪酬激励、人才流动等方面进行了体制机制创新，极大地激发了文化文物单位开发文化创意产品的活力。

在艺术品交易方面，北京的文物艺术品交易额占全国总额的 70%，处于中国艺术品交易的中心地位，艺术品投资和消费成为一种潮流，具有巨大市场空间。

（三）北京具有发展文化创意产业的先天优势

北京是一座有着 3000 余年建城史、800 余年建都史的历史文化名城，丰富的历史文化资源和千百年民族文化根基都为发展文创产业创造了条件。另外，北京是全国文化中心，科技、教育资源丰富，高校林立，人才密集，拥有发展文化创意产业的先天优势。主要表现在：

1. 深厚的文化积淀和传统

北京拥有深厚的历史文化底蕴，是中国的经济、文化、科教中心，有着发展文化创意产业的基础和资本。深厚的文化积淀和优秀的文化传统，是北京发展文化创意产业独有的宝贵财富与比较优势。

2. 文化科技支持

文化创意产业是文化科技与艺术相结合而形成的一种产业形态，其发展必然离不开科技的支撑。科技不仅可以促进文化创意产业新业态的产生，还可以提高文化创意产业发展水平。北京全社会研究与试验发展（R&D）经费投入强度稳居全国之首，基础研究经费占全国的比重保持在两成以上，技术合同成交额占全国的比重保持在三成以上。北京作为全国的文化、教育中心，拥有大量的几乎囊括所有种类的教育和科研机构、国家重点学科的实验室，科技实力雄厚。

3. 文化创意人才资源丰富

做媒体、做文化的制片人、编剧都云集北京。节目做好之后，卖给北京媒体，中央电视台北京电视台基本上可以回收资金。可以说北京市场容量有利于传媒、文化企业发展。北京还有一个优势，就是作为一个移民性城市，有各地的不同层次的人才，这种移民文化和人才资源让创意产业发展拥有一个先天性的优势。

4. 文化机构和文化设施

北京文化资源丰富、文化设施齐全，拥有全国最大、最集中、最具潜力的文化市场。北京的文化演出、图书零售业、文物流通市场在全国都占有着绝对的优势。北京是国家级文化生产部门的集聚地，拥有众多的出版机构，出版图书占全国的1/2，音像制品占全国的1/3，期刊占全国的1/4，报纸占全国的1/5，电视剧集数和电影产量占全国一半以上，是文化创意产业的集聚地。北京地区文物资源高达3322处，其中世界文化遗产6处，全国重点文物保护单位98处。

5. 先发的产业优势

北京文化创意产业的良好发展，使其成为国内为数不多的文化创意产业先发地区。经过近年来的培育发展，北京文化创意产业，集聚加速，部分行业优势突出。2019年，北京首批认定33家文化创意产业园区，开启了文化产业高质量发展之旅。以互联网信息服务业为龙头，北京的信息服务产业发展迅猛；中国国际动漫节、西博会等已成为国内知名的会展品牌；数字电视业全国领先；休闲旅游优势明显。先发的产业优势为北京发展文化创意产业奠定了扎实的基础，主要表现为：快速增长的产业规模、层次分明的产业结构、科学合理的发展目标、明显增强的文化效应。

（四）政策鼓励文化创意产业发展

近年来，中央及地方政府均出台政策，鼓励和支持文化创意产业发展。《国务院关于推进文化创意和设计服务与相关产业融合发展的若干意见》（国发〔2014〕10 号）在"总体要求、重点任务、政策措施、组织实施"四个方面对文化创意和设计服务与相关产业融合发展提出若干意见，重点指出"到 2020 年，文化创意和设计服务的先导产业作用更加强化，与相关产业全方位、深层次、宽领域的融合发展格局基本建立，相关产业文化含量显著提升，培养一批高素质人才，培育一批具有核心竞争力的企业，形成一批拥有自主知识产权的产品，打造一批具有国际影响力的品牌，建设一批特色鲜明的融合发展城市、集聚区和新型城镇。文化创意和设计服务增加值占文化产业增加值的比重明显提高，相关产业产品和服务的附加值明显提高，为推动文化产业成为国民经济支柱性产业和促进经济持续健康发展发挥重要作用"。

为加强顶层设计，加快推进文化创意产业转型升级，北京市 2018 年6 月印发《关于推进文化创意产业创新发展的意见》（京发〔2018〕14号）。提出数字创意、内容版权两大主攻方向，聚焦创意设计、媒体融合、广播影视等九大重点领域，实施文化空间拓展、重点企业扶持、重大项目引导等九大产业促进行动。

综上所述，我们抓住新的历史机遇，依托科教、文化和人才优势，以科技和文化为新的引擎，以创新、创造为核心，推动经济发展方式的进一步转变，可更好地促进北京文化创意产业的发展。可以说，北京发展文化创意产业有条件、有基础、有规模、有特点、有前途。

第三节 北京文化创意产业的内部行业各具特色

北京文化创意产业内部各行业发展态势良好，已经初步形成了以软件网络和计算机服务业为主，文化艺术、广播影视、新闻出版、设计服务、广告会展和艺术品交易等行业国内领先的文化创意产业结构体系。北京市海淀区的数字化内容、石景山区的动漫游戏、东城区的艺术品交易、西城区的创意设计、朝阳区的文化传媒等，特色鲜明的产业集群不断涌现。

一、传统行业活力稳步推进

（一）文化艺术行业

聚拢国内外演艺资源，展示首都精品，助推北京建设全国文化中心。

1. 北京的演出市场格局多元，各种所有制形式和多种表演形式共存

北京地区演出团体、演出场所和演出中介机构的设立主体不一而足，中直（文化部直属）、国务院各机构、各军兵种部队总部、文艺院校、市属、区县等多种隶属关系千帆过境。此外，外地进京演出团体进一步活跃了北京的演出市场。实力强、水平高的艺术表演团体和演出经纪机构齐聚北京，相声、音乐剧、话剧、儿童剧等演出形式共存。

2. 民营演出业发展热度空前，成为推动首都文艺演出业的重要力量

众多民间资本参股的文化公司发展势头强劲。俏佳人传媒股份有限公司、开心麻花文化发展有限公司、北京热度文化传媒有限公司崛起，成为推动首都文艺演出的重要力量。

3. 地域集聚趋势明显，西城区、东城区成为核心演艺聚集区

在西城，戏曲、相声、杂技、话剧、歌舞剧、儿童剧等多种演艺形式，激活了天桥地区的历史文脉，恢复了城南传统特色。在东城，王府井（包括北京儿童艺术剧院、北京人民艺术剧院等在内）、东二环（包括北京保利剧院、蜂巢剧场在内）、银街、隆福寺、交道口和天坛演艺区等演艺集聚区的建设日新月异。海淀区也积极建设西山文化创意大道演艺聚集区，规划建设10多个小剧场群。此外，以国家奥林匹克公园为中心的现代演艺群落建设也十分迅速。

（二）新闻出版行业

1. 数字出版发展迅速

据北京市新闻出版局统计，北京拥有数字出版企业近300家，在国内所占比例约1/3。中文在线、北大方正、书生公司、超星公司等北京市知名的电子图书运营公司，占据了全国电子书市场90%的份额。可以说，北京的传统出版都正在向数字出版产业升级。网络原创文学、网络音像、

数字期刊、数字报纸、网络游戏、网络教育、手机出版、网络数据库等不同业态，均表现出强劲的增长势头。

2. 内容版权，突出文化内容的价值引领

2016 年，《"十三五"国家战略性新兴产业发展规划》将数字创意产业作为五个产值规模要达到 10 万亿的新支柱产业之一，北京作为科技创新中心，数字创意资源禀赋突出，位列 2016 中国数字创意产业指数区域综合指数的榜首，北京这方面是排在第一的。所以在数字创意产业的规模技术上强调主阵地，发挥引领示范作用。文化创意产业作为内容，内容是核心，版权是转化的基础。

3. 版权产业发展势头良好

北京文化资源深厚，汇集了全国 40% 的出版社，20% 的期刊社，10% 的报社以及一批国内外数字创办企业，网络文学、网络游戏、网络动漫的创作生产高度发展。2016 年，北京市版权产业占地区生产总值的比重达到 8%，全年输出版权 5347 种，占全国的 48.03%，引进版权 10185 种，占全国的 59.04%，2006~2016 年北京市版权产业实现年均 17% 的增长。

（三）广播影视、演艺娱乐行业

1. 北京影视的国际影响力空前提升

北京广播影视"走出去"工程取得了显著成绩。中国电影集团、中国国际电视总公司、中国电影海外推广公司、中视国际传媒有限公司等央企发挥了中流砥柱作用，华录百纳、海润影视等民企则成为开路先锋，抢滩了美国蓝海电视台运营、汉雅星空 IPTV 运营、大纽约侨声广播电台投资、非洲八国数字电视系统建设及运营。例如，小马奔腾文化传媒有限公司，联合印度信实集团（Reliance Media Works）成功收购了世界级数字视觉特效公司——数字王国（Digital Domain）及其子公司航母传媒（Mothership）在内的核心资产，小马奔腾拥有数字王国 70% 的股份，占主导地位。该收购行为不仅使小马奔腾可以与好莱坞著名电影公司狮门影业（Lions Gate）联合制作科幻大片《安德的游戏》，还为其把国际顶级的数字特效技术引入中国北京，逐步建立电影特效拍摄基地、特效技术专业服务与培训中心等提供了可能。

2. 北京民营影视企业异军突起

相对于规模较大的广播电影电视业的央企、国企，民营影视企业具有市场敏锐度高、注重投资回报率等特点，近年来表现抢眼。近年来，北京市广播电视节目制作持证民营企业数量和社会影视节目制作单位创收收入都取得了喜人业绩。以光线传媒为代表的民营企业的发展持续强劲，逐渐成为北京广播影视行业的生力军和骨干力量，影响着演员、投资公司甚至中国电影行业发展的方向。

二、优势行业发展壮大

（一）广告会展行业

发展广告会展行业，北京市拥有三大资源和两大优势，分别是丰富的媒体资源、人才资源和高端商务资源。北京以国家广告产业园为代表，打造了全国广告产品交易中心、广告产业公共服务中心、广告产业创新发展中心、广告产业人才培养中心和优势广告企业聚集中心，搭建了公共技术服务平台、公共信息发布平台、公共行业中介服务平台、广告展示平台及政府"一站式"服务平台五个公共服务平台。

1. 广告业

第一，产业规模快速增长。北京市广告营业额逐年上涨，广告经营单位持续增加，广告公司、外资广告经营单位、兼营广告的企业、广告专业从业人员行为活跃。

第二，广告企业扎堆发展。朝阳区、海淀区、东城区和西城区四区聚集了全市绝大多数大型广告公司，北京 CBD-定福庄国际传媒产业走廊成为广告企业的主聚集区，汇集了北京大部分 4A 级广告公司，包括奥美、阳狮集团、达彼思、天联、恒美等。

第三，新媒体广告迅速壮大。在互联网、移动互联网和无线技术的推动下，视听新媒体、互联网门户表现突出，业绩快速增长。新媒体广告迅速赶超传统广告业务，网络广告市场营业收入大幅攀升，在全国举足轻重。

第四，广告企业一专多能。一是经营范围广泛，传统纸媒广告、户外广告以及新兴的移动多媒体广告、互联网广告"万类霜天竞自由"；二是广告企业发展模式丰富多彩，既有依靠电视台时间段、户外广告大屏等发展的资源类广告企业，也有依靠广告设计创意发展的内容类广告企业，还有依靠广告投放、传播等发展的咨询类广告企业；三是从企业规模上，大有大的好处，小有小的妙处，各得其所。

第五，外资广告企业抢滩北京。外资广告企业加快进入北京市场，成为北京广告业的重要组成部分。全球排名前五位的广告企业奥姆尼康、Interpublic、WPP、阳狮集团、电通都在北京投资并设立下属广告公司，包括天联广告、恒美广告、麦肯光明、奥美等。

2. 会展业

第一，会展经济规模快速扩大。会展业的带动作用巨大，其对社会经济的实际影响力要远远大于其直接收入的贡献，堪称首都重要的绿色经济增长点。有赖于中国（北京）国际服务贸易交易会，北京市会展业有望实现收入持续大幅提高。

第二，会议业增势强劲，综合服务水平不断提高。北京市规模以上会展单位的会议收入、展览收入和奖励旅游收入喜人。会议接待场所的保障能力进一步增强。北京拥有大量规模以上会展接待场所，座位超过500座的大会议室更是不计其数，会议设施的使用效率不断提高。

第三，展览业国际化、多元化趋势明显，影响力不断提升。北京目前已形成生产设备展、教育培训艺术展、咨询顾问人才招聘展和房产建材装潢展四大类展会主体。北京市会展的主、承办单位及服务单位呈现多元化特点，囊括中国国际贸易促进委员会各行业分会、各大行业协会、研究会、学会、商会及联合会等组织，既有专业会展举办服务单位，又有拓展业务领域新进入会展业的企业。

第四，国际吸引力显著增强，北京快速向"亚洲会展之都"迈进。根据国际大会及会议协会（ICCA）发布的数据：2016年北京举办国际会议的数量［ICCA统计的会议是指国际协会组织的在3个以上国家定期轮办的具有一定规模（50人以上）的会议］在全球城市排名中位居第七，比2015年上升一位，举办会议数量占中国大陆举办会议数量（320个，同口径）的35.31%，稳居中国大陆第一位，亚洲第四位。品牌展会的承办、国际影响力重大会议的举办，提升了北京的国际吸引力，推动其快速向"亚洲会展之都"迈进。

（二）艺术品交易行业

第一，文物艺术品拍卖市场风生水起。北京市文物艺术品的拍卖成交额占中国文物艺术品交易额的大部分。各类拍卖会和上拍文物数量都位列前茅。北京目前成为在英国伦敦、美国纽约、中国香港之后的世界第四大文物艺术品交易中心。北京地区有资质的文物拍卖企业众多，其中不乏一类资质的文物拍卖企业，二三类资质的文物拍卖企业更是不胜枚举。中国嘉德国际拍卖有限公司、北京保利国际拍卖有限公司、北京瀚海国际拍卖有限公司等一批企业成为中国文物艺术品拍卖的领军者。

第二，文物流通市场如火如荼。北京市依法审批设立的文物商店星罗棋布，经营额巨大。一方面，经历多年的市场化历练，北京市文化公司、荣宝斋、中国书店等传统的老字号企业，依靠体制机制的创新和人才优势，在市场大潮中逐步站稳了脚跟，走出了困境，在经营规模、品牌信誉和发展活力上都有所增长。另一方面，民间文物流通市场空前活跃，形成了一批在中国乃至世界都具影响力的古玩艺术品交易市场，如琉璃厂、报国寺、潘家园、古玩城等几大古玩艺术品交易园区。

第三，艺术品博览会蔚然成风。艺术北京当代艺术博览会、中艺博国际画廊博览会、中国北京国际美术双年展、上海艺术博览会国际当代艺术展和中国香港特区国际艺术展五场主要艺术博览会是中国古玩艺术品博览会行业的重头戏，从中不难发现，北京居于重要的风向标地位。

第四，艺术品交易受惠于艺术品关税下调。国务院关税税则委员会下发的《关于 2012 年关税实施方案的通知》，决定自 2012 年起，将油画、粉画及其他手绘画原件；雕版画、印制画、石印画的原本；各种材料制的雕塑品原件的进口关税税率由 12% 降至 6%。这一政策的调整降低了艺术品进口的税收门槛，极大地推动了北京艺术市场的国际化发展步伐。

第五，天竺文化保税区和大山子文化保税中心的建设成效凸显。作为文化部和北京市共同建设的国家级对外文化贸易基地，歌华文化保税区是国内首个依托空港保税区建设的"文化保税区"，将为国际国内文化生产、传输、贸易机构提供专属保税服务。已有包括苏富比在内的近 30 家国际文创产业知名企业提出入驻文化保税区，为将北京建设成为全球艺术品交易中心提供助力。2012 年 11 月市政府又将文化保税服务模式推广到大山子地区，挂牌成立"北京大山子文化保税中心"，为大山子地区的文化创意产业、艺术品创作生产企业、艺术品贸易流通企业提供仓储、中转、物流、报关等一系列保税服务，解决当前大山子地区企业的保税服务需求，最终形成更加适宜艺术品产业发展和中国艺术品"走出去"的平台。

(三) 设计服务行业

第一，北京市设计业的影响力与日俱增。相比于国内其他省市，北京的设计服务业起步早、发展快、底蕴丰富、力量雄厚，是国内设计服务业发展的重要区域。随着产业结构的调整、经济发展方式的转变，北京市的设计服务业得到长足发展，形成了一系列品牌活动。如中国创新设计红星奖自 2006 年创办以来已连续举办多届，国内参评地域广泛、参评企业、产品数量众多，成为立足北京、国内权威、国际知名的设计大奖。北京国际设计周通过展览、论坛、讲座和各类设计活动，吸引了不计其数的国内外观众参与。2012 年北京被联合国教科文组织正式授予"设计之都"称号，成为全球创意城市网络的第 12 个"设计之都"，是在深圳、上海之后我国第三个被认定为"设计之都"的城市，打破了教科文组织创意城市网络项目每个国家每类"创意之都"最多认定两个的惯例，体现了"北京设计"的品牌得到了世界性认可。

第二，产业空间布局日臻完善。北京已形成 DRC 工业设计创意产业基地、尚 8 创意产业园和 751 时尚创意产业基地等市级设计服务业集聚区。建筑设计和规划设计院所主要集中在西城区南礼士路；平面设计、广告设计、企业形象策划公司多集中于建外和国贸地区；汽车设计、家具设计等企业主要在北京现代制造业基地顺义区集聚；时尚设计服务企业则在 798 艺术区集聚。在原有集聚区优化发展的基础上，北京市各区县根据"十二五"规划，继续优化产业布局，进一步推进了产业的积聚发展。大兴区人民政府与中国工业设计协会签署合作协议，共建"中国（大兴）工业设计产业基地"，北京 CDD 创意港在大兴开发区落户，构建"一区五园"空间格局，重点发展家居家装设计、电子信息产品设计、工程咨询设计、装备制造产品设计、设计产品展示交易设计。海淀区打造 768 设计产业园、甘家口建筑工业设计带等。朝阳区在大山子地区重点发展艺术和设计产业，打造艺术和设计产业功能旗舰区。在原有优势产业的带动下，北京市各区形成了以特色子业为核心的设计服务业，全市呈现多中心、多子业协同发展的设计产业布局。

第三，文化与科技融合特征凸显。设计业是北京落实文化与科技

"双轮驱动"战略的代表行业，自觉融合文化与科技元素，推动了"北京制造"向"北京创造"的转型。设计企业积极探索以新的技术手段表达文化创意的方式。例如，北京玫瑰坊服装设计公司借助计算机程序，将计算机绘图与编程融入服装设计中，提升了设计的质感和美感。

第四，产业人力资本优势明显。人才是设计业的核心，人力资本是设计业发展的直接动力。北京市集聚了较多的设计院所，在人力资本上有着较高的优势，为设计服务业的发展提供了产业人才保障。据统计，北京地区共有115所学校开设了设计相关专业，相关专业的学生平均每年有10万余人，毕业生3万余人，设计人才的汇聚将为北京设计服务业的可持续发展提供强有力的智力支撑。

三、新兴文化业态和产品内容融合发展

发挥各国各类媒体在北京的优势，充分利用数字传媒，移动互联的科技手段，构建立体购销覆盖面广，功能强大的网络，培育广大"互联网+文学+音乐+影视"的新业态。引领行业发展、竞争力强的文化和科技融合领军企业，使文化和科技融合成为文化高质量发展的重要引擎。

文化创作、生产、传播和消费等环节共性关键技术研究，开展文化资源分类与标识、数字化采集与管理、多媒体内容知识化加工处理、VR/AR虚拟制作、基于数据智能的自适配生产、智能创作等文化生产技术研发；开展文化产品多渠道发布、多网络分发、多终端呈现等文化传播技术研发；开展文化产品价值评估与版权交易、基于大数据的个性化推荐、文化产品与服务质量评测等文化服务技术研发；开展文化资源保护与开发利用、知识产权保护与侵权追踪、舆情分析与内容安全监管、文化艺术品鉴定等文化管理技术研发。

以数字化、网络化、智能化为技术基点，重点突破新闻出版、广播影视、文化艺术、创意设计、文物保护利用、非物质文化遗产传承发展、文化旅游等领域系统集成应用技术，开发内容可视化呈现、互动化传播、沉浸化体验技术应用系统平台与产品，优化文化数据提取、存储、利用技术，发展适用于文化遗产保护和传承的数字化技术和新材料、新工艺。

同时提升文化装备技术水平，加强智能化的文化遗产保护与传承、

数字化采集、文化体验、公共文化服务和休闲娱乐等专用装备研制。加强激光放映、虚拟现实、光学捕捉、影视摄录、高清制播、图像编辑等高端文化装备自主研发及产业化。加强舞台演艺和观演互动、影视制作和演播等高端软件产品和装备自主研发及产业化。加快广播电视网络升级和智能化建设，支持内容制作、传输和使用的相关设备、软件和系统的自主研发及产业化。

将科技与文化融合，在文化产业领域，科技的作用非常重要。目前，出版业、电视台等传统文化产业都处于下行的态势之下，而发展处于上升期的则是那些与新技术紧密相连的产业。文化与科技融合不仅有利于推动文化产业的升级，还能有效地解决我国在文化装备上的"短板"，从而促进中国文化产业和国际影响力的提升。

四、北京文化产业"走出去"成绩斐然

以北京市海淀区为例，2017年，全区文化出口企业有115家，文化创意产业出口居全国、全市前列；2017~2018年，国家文化出口重点企业295家，海淀区有27家企业入围，占全国的9.2%、全市的41.5%。

"清华大学出版社多年来扎实、稳健地推进'走出去'，向世界传播中国科技成果和优秀文化，国际影响不断扩大，自主或合作策划的外文版图书和期刊销往全世界，取得良好经济效应的同时，离不开税收优惠政策的扶持。"清华大学出版社财务总监张显瑞表示，国家对各类出版发行的报纸和期刊在出版环节执行增值税先征后退政策，国家税务总局北京市海淀区税务局最大限度地帮助企业吃透政策，让我们真正享受到国家的减税红利。

在朝阳区的传媒走廊，自2015~2018年，实验区内蓝海电视、掌阅科技、西京文化传媒等15家企业先后被商务部认定为国家文化出口重点企业。其中，掌阅科技的掌阅iReader、蓝海电视融媒体全球传播云平台等21个项目先后被商务部评为国家文化出口重点项目。一批民营文化企业成功打入国际市场，成为国际文化展示交流的窗口和文化"走出去"的桥头堡。

第四节　北京文化创意产业存在的问题

一、高端文化创意产品供给严重不足

（一）"创意不足"仍然是产业发展的头号"顽疾"

近年来，随着文化产业的迅速发展，各类文化产品层出不穷，在数量上增势明显，全国每年电视剧产量位居世界第一，图书出版约 30 万种。但优质产品和服务依旧缺乏，文化产品单一化、跟风盛行、精品匮乏等问题日益凸显，故宫"石渠宝笈特展"的火爆，《战狼2》《红海行动》《人民的名义》及《生逢灿烂的日子》等影视作品的走红，也从另一个角度说明了文化精品供给还远远不能满足公众的需求。产品创意不足，制约了文化创意产品市场的扩大，这是北京文化创意产业面临的十分棘手的问题。

北京乃至全国的文化产品目前绝大多数都是在简单地复制、模仿，真正的创意产品甚少，导致中国创意产业大而不强。"创意不足"目前已成为产业发展的头号"顽疾"，向"创意"要市场在今后相当长一段时间内仍是产业发展的重中之重。北京作为全国领先的文化企业聚集地，文化产品生产方面依然面临着从增量到提质的严峻考验。

（二）文化要素供给、金融服务体系有待完善

北京作为全国的首都，区位优势明显，但企业的租金成本、人力成本等高居不下。以当前发展迅猛的影视行业为例，随着近年来演员价格的暴涨，文化企业的运行成本也在不断攀升，过重的税费负担加上持续上升的人工成本、融资成本、租地成本，使利润率持续下降，企业投资与经营的信心受到严重打击，影响了企业创新的积极性。

从文化要素的投入来看，北京市在文化产业的土地供应、资本投入、人才利用等方面依然有进一步改善的空间。

同时，高端文化人才集聚度依然较低，尤其是领军拔尖型人才、文

化商务人才、名家大师等相对不足。北京市在文化人才的引进、奖励扶持等方面存在服务体系不完善的问题，有待进一步改善。

在金融服务方面，北京尚未建立起一套集文化银行、文化小贷公司、文交所、担保公司、保险公司、版权评估公司、天使基金、产业基金等各类金融业态于一体的文化金融服务链，在评估、担保、流转以及后续管理等环节缺乏统一操作的规范流程。

（三）同质化竞争趋势较为严重

北京市的文化产业布局尚不均衡，在一定程度上存在盲目发展，文化创意产业项目扎堆、不同地区的文化创意产业发展定位雷同的情况，导致文化创意产业聚集区的发展同质化，特色不明显，不仅不利于提升整体的竞争力，还会造成资源的浪费。

二、文化创意产业结构失衡

（一）区域、产业结构有待改善

从区域结构来看，北京市各城区文化产业的发展很不平衡，朝阳区、东城区、海淀区等区域的文化产业特色明显，发展活力强劲，已成为区域经济的主体，而远郊城区的文化产业发展相对滞后，占当地 GDP 的比重较低。从产业结构来看，数字类和创意类产业在整个文化产业中的占比较低，文化产业发展依然以传统产业业态为主，新兴业态还处于萌芽和培育阶段。

（二）各领域融资分布结构不均衡

从细分领域来看，2014 年以来，各领域融资案例分布结构较为稳定，媒体网站、影视音乐、动漫长期位列前三，2018 年，媒体网站和影视音乐融资最为活跃。2014~2018 年融资规模占比前三位的分别为媒体网站、网络视频和影视音乐，2018 年，上述三个领域吸引了 85% 的资本。

三、产业链尚不成熟

文化创意产业的产业链，包括创意上游的研究开发、中游的生产制造、下游的市场营销及衍生品的开发组成。目前，北京市文化创意产业中的很多行业还没有形成完整、高效、顺畅的产业链。同时，各环节的协同合作不足，上游缺乏创新，下游的营销及知识产权保护不到位，影响产业发展。例如，石景山的动漫产业近年来发展较好，但产业链不健全，缺乏更高效的传播途径，影响了整体的发展效果。

四、文化传媒行业的投资及资本变现情况不容乐观

值得注意的是，在监管趋严的背景下，文化传媒行业的资本变现情况不容乐观。数据显示，2018 年，文化传媒行业仅四家实现首次公开募股（IPO），并且全部为境外上市，案例数量同比下降 66.67%。其中，腾讯音乐、哔哩哔哩和趣头条在美国上市，汇量科技在香港上市。近五年来，传媒出版、动漫和影视音乐领域的 IPO 募资情况较好，2018 年，影视音乐和动漫募资规模占全年的 86.2%。

2017 年至今，影视公司从上到下的全行业萧条，背后是视频平台的战略性策略转移，当然，此前一波泡沫吹起，与平台"争夺内容"有很大关系。原因在于经济增长放缓与线上流量见顶叠加，互联网巨头都在寻找新的生态级业务，视频平台烧钱的引擎日渐熄火。

上市公司并购审核也在趋严。近两年，股票发行审核委员会持续加强对并购交易真实性、资产评估价值合理性等方面的审查，并购交易案例持续下滑。近 5 年的数据来看，文化传媒行业并购高峰发生在 2016 年，宣布并购案例数量达 301 起，融资规模达 275 亿美元。2017~2018 年完成并购案例数量持续下滑，2018 年宣布并购的案例中，已完成案例数量占比较 2017 年下降 25.08%。但受到两笔大额交易的影响，2018 年完成并购规模不降反升。

2018 年，私募股权投资机构普遍遭遇募资"寒冬"，投融资案例数量下降明显，但战略机构投资者却相对活跃。投中研究院最新发布的数据显示，2018 年全年，文化传媒行业获得 VC/PE 融资案例仅 485 起，相比 2017 年 600 起下降 19.16%，比 2016 年最高点 741 起下降 34%，但 2018 年文化传媒领域整体融资规模达到 5 年来的最高值，融资规模达到 111 亿美元，较 2017 年翻了 3 倍。尤其是在 2018 年后半期，融资案例虽然较上半年下降 24.9%，但是受到多笔大额融资推动，融资规模反而上涨 17.03%。

第四章

北京金融支持文化创意
企业孵化器发展问题分析

当下，文化创意企业孵化器快速发展，呈现出一体化、数字化、集聚化、特色化的态势。面对互联网和新经济浪潮，我们应以实体企业的需要和客户价值的创造为导向，创新大数据、区块链等金融科技应用，以平台化基因构建"科技+金融+行业+企业"的综合服务平台，打造平台化服务，将孵化器企业和大金融的各项业务和服务整合于统一的平台之上；创新企业融资方式，在企业流动、供应链金融、智能制造、小微金融、跨境金融等方面服务实体经济，支持孵化器企业。支持文化创意产业孵化器已经成为金融机构必然的选择，文化创意企业孵化器与金融的合作大有可为，发展空间广阔。

第一节　北京金融支持文化创意企业孵化器发展

截至 2019 年 5 月，金融业在北京经济结构中的占比达到 17%，对北京经济增长的贡献率为 18.4%，成为北京市第一支柱产业。金融业促进了优质资源在高精尖产业中的配置，引领了北京产业的全面更新与提升。北京是全国唯一的服务业扩大开放综合试点城市，享有先行先试的政策优势。目前，我国文化创意企业孵化器发展的投资主体呈现多元化的特点，除政府外，各种民营企业及社会团体等也纷纷投资建设文化创意产业孵化器。

一、金融支持是企业孵化器发展的需要

孵化器作为培育中小型企业的基地，目前已经成为提高国家创新水平的一个重要因素，而其培育的中小企业则成为促进中国国民经济持续增长的重要主体。金融机构可为初创企业提供一系列的服务，减少企业的创业成本，提升其创业的成功率，而金融机构可从这些服务中获取利益分成、共同发展。

（一）金融支持创意企业孵化器的市场化实践

金融支持创意企业孵化器成长最近几年取得了突破性进展，这都源于政府的支持：一是营造支持创新的政策、制度与法律环境，保护知识产权，落实竞争中性，完善破产、重组的法律体系，实现市场出清。二是积极构建适合支持经济高质量增长的"最优金融结构"，发展多层次的资本市场，推动金融机构更好地为创新活动和中小企业服务。同时，为企业创业活动提供良好的金融环境与基础设施，包括落实竞争中性、推进利率市场化和建设信用体系。三是减少政府对资本市场的直接"管控"，降低政策不确定性。加大市场开放，引进更多的机构投资者。提高资本对利润追求的"容忍度"，在明晰责任的前提下培育"容忍失败"的创新环境，为创新型企业提供更加丰富的金融工具、激励机制。

通过市场化手段服务创新创业企业，更加精准地契合其发展过程中的实际需求；利用金融科技、创新风控手段，设立支持科技创新企业与小微企业发展的政策性银行，支持创新创业企业的市场化实践。

文化创意企业孵化器明显特点就是风险性高，难以评估。现有很多公司推出了基于大数据的文化创意产业孵化器项目评价服务，这就为文化创意产业孵化器金融服务提供了可靠的基础，这是大数据金融的一种形式。[①] 每个地方的法人金融机构扎根当地，回归本源，多层次、广覆盖的小微金融服务组织机构体系逐步健全。银行业金融机构优化内部资源配置，疏通内部传导机制，改进信贷管理模式，运用金融科技手段，创

---

① 金巍. 互联网经济背景下的文化金融新形态 [EB/OL]. http://www.wixiang.com/news/26312.html, 2016-09-12.

新信贷产品和服务方式，不断提升服务企业孵化器的效率。

准确把握企业孵化器平均生命周期短、首次贷款难、风险溢价高的客观规律，坚持可持续的市场化原则，加大逆周期调节，保持流动性合理充裕，组合运用信贷、债券、股权"三支箭"，精准发力，有效缓解企业孵化器融资难题。同时，相关部门加强统筹协调，发挥差别化监管和财税优惠等政策合力，企业孵化器金融服务工作取得阶段性进展。

（二）经济制度、企业孵化器与大金融间的关系

创意企业孵化器成长，模式的背后是战略，而战略的背后是哲学。没有哲学的战略，如同没有战略的模式，都是靠不住的。发展"创新创业型经济"的核心是企业孵化器（包括文化、科技、互联网）创新、大金融（包括银行、证券、保险、信托）创新、制度（包括机制）创新，并把创新创意企业、金融和制度打造为符合"阴阳合道、三生万物"原理的稳定"三角结构"，这应该成为新时期北京发展文化创意产业孵化器的战略（见图4-1）。

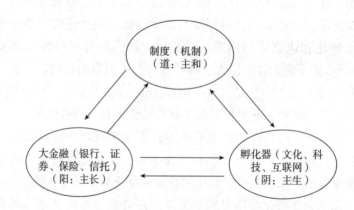

图4-1 创新创业型经济中制度、孵化器与大金融间的关系

资料来源：根据公开资料整理。

建立一个良好的创业环境，必须拥有强有力的制度保证、政策支持和高效的协调机制，包括：法律（经济法、市场法、版权法等）制度；金融结构，完善有效的投融资支持；富有实力的文化创意产业基金和风险基金。

在创新创业制度下，创意企业孵化器与大金融之间的关系可以用12

个字概括为：相得益彰，价值共生，共同发展。

二、文化创意企业孵化器与金融融合的发展轨迹

（一）金融视角下文化创意企业孵化器金融的范畴

文化创意企业孵化器金融是指服务于文化创意企业孵化器生产的金融服务形态和资本运营体系。从金融的角度看，文化创意企业孵化器金融可以分成四种形式，即股权类文化创意企业孵化器金融、债权类文化创意企业孵化器金融、风险管理类文化创意企业孵化器金融和互联网金融类文化创意企业孵化器金融。第四类是互联网经济背景下形成的金融服务和资本市场新形态，运用技术对传统金融产品和资本运行模式进行了变革。科学技术、文化创意和资本力量作为"新常态动力"，对经济的发展显得格外重要。

（二）文化创意企业孵化器的金融支持条件不断完善

在宏观背景下，金融行业与文化创意企业孵化器的有效对接有助于突破文化创意企业孵化器资金供给量远低于资金需求量的困境，有助于文化创意企业孵化器内部运营管理方式和市场结构的优化升级。面对"互联网+"以及信息技术发展的浪潮，凭借科技创新形成的全球资源配置优势，我国文化创意企业孵化器与金融融合发展的新局面得以实现。

1. 多层次市场融资支持体系持续完善

票据市场体制机制的不断完善，市场规模、参与主体的不断扩大。民企债券融资支持系统的落地，有效促进债券市场融资功能的发挥。新三板市场功能不断提升，区域性股权市场发展初具规模，创投等私募股权基金投入不断加大，政府引导基金作用进一步显现。

2. 风险分担和信用增进机制初步建立

创新保险机构的市场产品，国家建立健全政策性融资担保制度，设立国家融资担保基金，强化地方政府融资风险分担和补偿机制。加快社会征信制度建设，金融信息数据库与市场征信机构功能互补、交错发展，失信联合惩戒机制不断完善。

3. 金融支持企业孵化器力度持续加大

围绕科技创新型企业孵化器全生命周期不同阶段的融资需求，建立

贷、债、投结合的投融资产品体系。创新投贷联动模式，加强创业贷款支持力度，开拓知识产权质押贷款新方式，拓宽多元化融资渠道。

技术增强了中小金融机构的核心竞争力，使金融服务的范围扩大，为中小微文化创意产业孵化器提供了新的发展机遇。企业孵化器的融资难一直是产业之痛。基于我国劳动力资源丰富，资本却相对稀缺的现实情况，企业孵化器势必在相当长的一段时间内成为我国经济发展的主力军。大型的金融机构无法实现企业孵化器的融资需求，导致孵化器企业融资困难。基于这样的现实情况，大力发展中小金融机构是解决孵化器企业融资难的关键。所以，从长远看，充分利用互联网技术的中小金融机构才是企业孵化器的发展之道①。

三、孵化器在在孵企业融资过程中的角色

（一）孵化器作为政策和市场的追随者②

广泛建立企业孵化器有助于扶持科技型小微企业和重点行业的发展。因为企业孵化器拥有"准政府"性质的地位，市场信誉、创新创业等方面有良好的基础，因此，对相对弱势的行业、企业有帮助作用。将孵化器拥有的资源融入政策扶持的行业和企业，是这个阶段融资服务的特点。

（二）孵化器作为融资中介

由于企业孵化器会选出最新的高新技术成果或最新创意企业入孵，进行系统的培育、管理和市场化运作，因此企业孵化器能够容纳优秀的创业企业和项目。企业孵化器除了设立的"种子资金"风险资金之外，凭借其自身的运作和在孵优秀企业与项目的信誉，还能够与天使投资者、风险投资机构、金融机构等建立长期扶持创业企业协议，属于孵化器融资服务的重要内容，也是吸引高质量企业入孵的条件之一。随着孵化器运行模式的不断完善，其融资中介功能十分重要，比如为其提供风险投资，且风险投资的时间不超出其在孵时间；此外，还有搭建信息、咨询、

---

① 黄东坡. 中小企业融资服务体系问题探讨——基于中小金融机构视角 [J]. 财会通讯, 2016（2）：17-19.

② 吴瑶，葛殊. 科技企业孵化器商业模式体系构建与要素评价 [J]. 科学学与科学技术管理, 2014（4）：163-170.

辅导、培训、法律、融资担保、技术支持、市场开拓、融资讲座等方式，为创业企业和投资机构创造了直接交流的机会。

（三）孵化器作为天使投资者和风险投资人

为满足文化创意企业孵化器的直接融资需求，除了原有的金融工具银行信贷、信托融资、融资租赁、债券等在内的债权类外，金融机构通过天使投资、风险投资和其他风险资本为企业孵化器创业期提供资金服务，连接风险投资机构和初创企业。积极培育天使投资、风险投资等前期投资力量，进一步完善创投基金发展的差异化监管政策、税收政策和退出机制，引导和支持创业投资基金更多地投资早中期文化创意企业孵化器，促进文化创意企业孵化器早期资本形成。因此，许多企业孵化器都设有用于天使投资的"种子资金"。天使投资和风险投资对在孵企业的融资风险进行了全程护航，提高了孵化器的孵化成功率。

（四）孵化器作为基金管理人

基金管理是孵化器投资规模扩大后产生的专业投资管理职能。大型的孵化器设立了基金管理公司，为基金投资进行项目发现、评估、管理与收益分配的管理。基金管理公司在广泛的市场调研后、开发新的投资项目、进行项目投资评估与建议、将投资建议的报告提交风险投资公司董事会做成最后的投资决策，如决议投资基金公司负责后续投资管理，协助被投资企业提供各项咨询服如被投资企业上市后，其利益分配将按双方合同约定内容分配投资净收益。良好的基金管理是孵化器商业化发展的基础，目前孵化器行业越来越重视孵化基金的运营管理。

四、金融支持创意企业孵化器发展的亮点

强大的产业扶持是我国文化创意产业发展的坚强保障。为加快文化创意产业的发展与转型升级，我国于 2009 年颁布了《文化产业振兴规划》，确定文化创意产业为国家战略性发展产业。党的十八大之后，我国又陆续出台了一系列鼓励文化产业发展的人才、资金、税收、科技、投融资等近百项政策与措施。

（一）政府政策引导

为进一步促进和提升金融业对文化创意产业服务的水平，支持文化

创意产业发展，北京市政府及相关部门先后制定并出台了一系列相关政策。

近年来，北京市相继出台了《关于进一步鼓励和支持民间资本投资文化创意产业的若干政策》《关于促进文化与商务融合加快发展新型文化业态的实施意见》《北京市实施文化产业"投贷奖"联动推动文化金融融合管理办法（试行）》等政策，协调金融机构推出适应企业需求的产品和服务，初步建立起包括贷款贴息、融资担保、创投基金在内的文化投融资服务体系。这一系列政策为金融业支持文化创意产业发展做出了安排，指明了金融业与文化创意产业对接融合的方向。

（二）创新型企业孵化器金融服务体系持续优化

北京市建立国内首家银行系孵化器——北京银行中关村小巨人创客中心，打造文化创意产业"创业孵化+股权投资+债权融资"等"一站式"综合服务平台。截至 2019 年 2 月，北京银行中关村小巨人创客中心会员超 1.8 万家，合作投资机构 250 余家，入孵企业 59 家，为 2916 家会员企业提供贷款 916 亿元，先后被科技部和北京市认定为"众创空间""创新型孵化器""新兴产业孵化器""服务业扩大开放综合试点示范项目""中小企业公共服务示范平台"。同时，与北京科创基金、优客工场、中关村担保等众多优质头部创投机构、孵化器、担保公司等展开战略合作，助推创业创新生态体系打造。截至 2018 年末，北京银行已经累计为中关村 2 万家科技型中小微企业提供 3600 亿元信贷支持，中关村地区市场份额始终位居第一，支持中关村前沿技术企业 61 家，成为支持首都科技创新中心建设的重要推动力量。

（三）"文创四板"为文化创意产业融资提供文化创意产业股权交易平台

2019 年 6 月 26 日，北京"文创四板"挂牌孵化培育基地在国家文化产业创新实验区（以下简称国家文创实验区）文化金融服务中心正式启动，标志着由国家文创实验区联合北京股权交易中心（北京四板市场）共同建设的北京"文创四板"正式投入运营。其为北京市的文化企业提供股债融资、培训辅导、股权管理、四板挂牌、转板上市等专业服务，助力文化产业升级发展，推动文化金融深度融合，打通文化资源和金融资本对接渠道，引领文化业态创新方向。为培育更多优质龙头企业，提升发展动力，国家文创实验区积极加强政策服务，搭建公共服务平台，有机整合金融、担保等金融资源，建立起以企业信用为基础的政策支持文化产业发展模式。由此可见，国家文创实验区文化金融服务体系再度升级，可进一步满足文化企业多层次的融资需求。

北京股权交易中心是按国务院、证监会的统一部署，经市委、市政府批准设立的北京市唯一的区域股权市场。截至 2019 年 5 月底，北京四板市场累计服务企业超过 1.2 万家，包括挂牌展示企业近 5000 家、登记托管企业近 1400 家、培训新三板挂牌公司 4000 余家、服务拟上市和上市公司 1000 余家，其中 20% 是文化类企业，帮助企业累计获得的股权和债务融资额超过 300 亿元。北京文创四板和挂牌孵化培育基地的设立，将使国家文创实验区多层次、宽领域、广覆盖的全链条文化金融服务体系更加完备，引领国家文创试验区朝着"首都文化金融融合发展引领区"的目标加速前进，成为北京文化金融创新高地①。

国家文创实验区是全国唯一的文化产业创新实验区，区域内优质文化企业聚集、政策和服务体系完善、各类资源和要素丰富，具有建设文创四板的独特优势和成熟条件，文化创意产业将通过"文创四板"与资本市场多层次串联，走上文化发展"快车道"。发挥国家文创实验区创新实验、先行先试的优势，打造综合型、创新型的文化金融服务平台，可为北京市的文化企业提供更具针对性的资本市场融资和规范发展服务，让更多处于成长初期的优质文化企业享受到资本市场的专业服务，有效构建起企业发展初期的资本市场支持机制，切实把北京四板市场的文化创意板打造成首都资本市场体系的重要一环。

北京四板市场利用"中国文化企业最聚集区域"的园区资源优势，通过"蜂鸟计划"遴选出一批发展快的优质文化企业，建立上市企业和"独角兽"企业储备库，通过四板基地、上市培育基地等平台，为处于不同发展阶段的文化企业提供多样化、多层次的投融资服务。国家文创实验区内共设立文创专营支行、文创特色支行 16 家，为文化创意产业提供"文创普惠贷""蜂鸟贷""文化创业贷"等 30 余种特色金融服务产品。国家文创实验区联合银行、担保、信评机构等建立文化企业信用评价体系，破解文化企业融资难题。"文创四板"采用专业运作、错位经营、适

---

① 郑洁. 北京文创四板：为中小企业打开资本之"窗"［N］. 中国文化报，2019-06-29.

度创新的发展思路，与沪深交易所和新三板在业务上形成互补态势，在风险可控的前提下，探索解决中小企业融资难的新路径。

我们需认识到，北京股权交易中心等打造的"四板"，并不是证券交易市场，而是资本体系中最基础的小范围的股权交易平台。它们就像股权交易的"易贝"一样，目前不具备高流动性，但能为中小微企业提供融资的渠道，也能为企业后续发展打开资源、资金合作的一扇窗口。

（四）新型金融服务产品不断涌现

文化产业的兴起以及金融改革的深入不断催生出新型金融产品以应对产业结构的调整和经济发展的要求。以电影股票为例，继字画、艺术品也能拆成股票交易投资后，一种全新的投资品种"电影股票"通过深圳前海金融资产交易所发售，普通投资者可认购权益份额出资参与电影并获取票房收益或在项目存续期内上市交易①。而在第十四届上海国际电影节电影产业颁奖宴会上，艺恩咨询首次提出"电影投行"概念，正式发布该项业务，为电影项目方和资金方提供代理顾问服务，健全投融资机制、加速电影融资进度②。此外，像江苏银行连云港分行在全国首次推出针对文化产业的系列快捷高效的特色金融组合产品"文e贷"，试图实现融资产品多样化、融资渠道多元化、担保方式创新化、授信使用灵活化及服务快捷便利化。③ 此外，还有华夏银行运用互联网金融合作平台数据，通过生物识别、电子签章、大数据风控、云计算等技术，提升企业孵化器金融服务效率，小微信贷业务由7个工作日缩短至1分钟。种种迹象表明，随着文化金融的发展，更多的特色新型金融产品将涌现在文化经济发展的大潮中。

第二节　银企合作表率——以北京银行为例

北京银行成立以后，牢牢把握首都经济发展脉搏，奋力打造文化金

---

① 姚钰珂．"电影股票"将上市投资门槛30万元［N］．北京商报，2011-08-22（A2）．
② 郑洁．"电影投行"解读融资难题［N］．北京商报，2011-06-27（A7）．
③ 张国英，王夫成．"文e贷"为媒助推文化金融共赢［EB/OL］．http：//www. lygnews.com/lwzt/lwzt2012/jr/yh/2012/0323/87491. html，2012-03-23．

融特色品牌、建设"文化创意产业最佳服务银行"，在中国银行业率先探索金融支持文化创意产业，开创了多项第一。截至 2018 年末，北京银行对文化创意产业的贷款余额为 708 亿元，增幅 25%，累计为近 6500 户文化创意产业提供贷款 2500 余亿元，市场份额位居北京首位，成为中国银行业推出产品最早、小微贷款最多、支持项目最全的文化创意产业金融"排头兵"。文化创意产业在经济中呈现出的优越性，可为银行挖掘文创金融市场，优化信贷结构，培育新的业务、新的利润增长点带来重大机遇。

一、打造文创信贷工厂"2.0 时代"升级版本

（一）推出信用贷款产品

针对企业孵化器可抵押资产不足问题，各银行业金融机构积极创新信贷模式，更多依托企业良好的信用记录、市场竞争能力、财务状况等，发放无担保、无抵押的信用贷款，降低对抵押担保的依赖。北京银行推出"融信宝"产品，为中关村科技园区具备条件的中小企业发放纯信用贷款，截至 2018 年末已累计发放贷款超过 240 亿元[①]。此外，北京银行还先后推出了创新智权贷、文创信保贷、文创普惠贷等文创特色产品。

北京银行强化业务模式创新、服务方案创新、渠道合作创新"三项创新"，彰显了小微金融服务特色。为助力企业登陆科创板，北京银行推出科创板服务方案，支持科创板申请企业 28 家，累计授信超 41 亿元，北京地区 27 家受理企业中，17 家为北京银行客户。此外，响应国家号召，北京银行还升级"智权贷"产品，积极延伸知识产权质押融资服务范围，更好地满足了"专精特新"科技企业的融资需求。

（二）打造多类型的投贷联动生态圈

北京银行是首都唯一的投贷联动试点法人银行，其中关村分行率先设立投贷联动中心，组建投贷联动专职团队，建设投贷联动特色支行。北京银行以投贷联动试点为契机，推出"投贷通"产品，运用"投资+贷

---

① 自贸区外资准入负面清单 6 年 5 次"瘦身"开放领域大扩容［EB/OL］. 中国中小企业信息网，http：//iitb. hainan. gov. cn/hisme/xxzx/cjkx/201907/t20190702_3205307. html，2019-07-02.

款"的双渠道融资支持文化创意产业运作发展。

截至 2018 年末，投贷联动累计落地近 200 笔、超 23 亿元，科创客户占比 80%。2017 年 6 月，北京银行牵头设立"北京银行中关村投贷联动共同体"，首批成员包括北京银行、中关村发展集团、北京协同创新研究院、联想控股、中关村信用促进会等 63 家单位，搭建投贷联动发展生态圈。

（三）优化企业孵化器贷款审批机制

北京银行创新小微信贷管理模式，建设线上"信贷工厂"，把以贷款为主的服务管理模式向综合化、场景式金融服务管理模式转变，持续提升企业孵化器金融服务的便捷性、专业性。北京银行对小微信贷投向、准入政策、内控管理制度、征信管理制度进行修订，通过打造专业体系、简化业务流程、推动业务线上化智能化等手段，大幅缩短企业孵化器贷款办理时间。

（四）探索服务特色模式

北京银行通过特色产品"驱动"，打通文化金融服务"最后一公里"。针对初创期企业，提供创业贷、"文创信保贷""文创普惠贷"等专属产品；针对成长期企业，提供版权质押的"软件贷""智权贷"等特色产品；针对成熟期企业，提供包括并购贷款、现金管理等在内的一揽子综合化金融服务，实现对文化创意产业"创业孵化+股权投资+债权融资"的一体化服务。

（五）拓宽抵（质）押物范围

针对轻资产型、初创型和科技型企业抵押担保难等问题，北京银行积极创新专利权、商标权等知识产权融资产品，推出知识产权质押的"智权贷"、软件著作权质押的"软件贷"、未来收益权质押的"节能贷"等产品。进一步拓宽抵（质）押物范围，有效缓解企业融资难题。

二、创立首家文化创客中心

2018 年 11 月 30 日，北京银行在前门地区创新推出首家银行系"文化创客中心"，通过为文化企业特别是创业创新文化企业构建线上线下服务空间，为新创文化企业提供多元化服务。北京银行文化创客中心将自身定位于"孵化器+加速器"，突出对文化创意产业的服务，对创意设计、媒体融合、广播影视等重点领域，以及高成长创新企业提供支持。

文化创客中心包含线上、线下两大功能空间。线下空间包括文化展示区、路演沙龙厅、私享会议室、创业孵化区、创客咖啡吧五大功能区域。线上空间主要是借助互联网渠道开展会员招募、活动组织、线上路演等系列活动。文化创客中心将通过"创业培育工程、导师大讲堂、创业路演、精品私享会、投贷一对一"五大主题活动为企业提供一站式融资融智服务。北京银行首期邀请了10位业内"大咖"作为文化创客中心导师，为入孵企业提供辅导。文化创客中心导师分为企业家、院校学者、创投机构三大类，为学员提供创业指导、政策解读以及投融资支持等全方位、"管家式"服务。首期企业家导师涵盖了设计创意、影视制作、动漫游戏、出版发行、文化旅游等多个行业维度。

三、创新金融业务，打造全产业链服务

（一）IP 产业链文化金融服务方兴未艾

在打造文化金融事业总部的同时，北京银行还发布了业内首个"IP产业链文化金融服务方案"。针对部分重点领域的发展趋势，北京银行在业内首次推出了"文化 IP 通"金融服务方案，下设 IP 融资通、投资通、服务通三大系列，包括 IP 孵化贷、IP 开发贷、IP 评估一站通等十余种专属产品及服务。长期以来，积累的客户资源和 2018 年获得的投贷联动试点资格是北京银行此次打造"IP 产业链文化金融服务方案"的重要支撑。

随着"内容为王"IP 时代的到来，IP 内容提供方、运营开发方、衍生拓展方、外围服务方等在研发、营销、发行、粉丝运营层面互动合作，形成了 IP 文化生态，市场更凸显了对 IP 整合延展的金融需求。在此背景下，北京银行"IP 产业链文化金融服务方案"应运而生。其将文化创意产业"IP 内容流"与金融服务"资金流"有机结合，形成了创新引领、链式延展、扶小助大、投贷联动、专注专业、全程无忧的六大特点。

（二）借力金融科技，北京银行深化"移动优先"战略

北京银行的手机银行 APP 持续迭代升级，平台运营能力和客户体验持续提升，手机银行结算交易量同比增长 44%，月活客户数同比增长90%。同时，发布"京信链"供应链金融创新产品，创新升级"京管+"

企业手机银行，供应链金融线上化、数字化、场景化发展取得显著突破。

（三）全力推进数字化转型战略

北京银行全力进行数字化转型，持续夯实金融科技基础设施。据悉，北京银行顺义科技研发中心在 2019 年底前验收竣工，可极大地提升北京银行的科技硬件实力，为数字化转型提供更为强有力的支撑。北京银行加快推进知识图谱、风险滤镜等人工智能项目，大数据服务拓展至 210 项。北银金融科技公司正式揭牌，成为全行科技建设的"蓄水池"、技术创新的"孵化器"。

在风控方面，北京银行加快风控数字化转型，完成"京行预警通"系统上线，实现企业信息深度挖掘、风险信息实时提示、舆情信息分类梳理的有机统一，成为前瞻性、智能化风险防控的有力武器。

截止到 2018 年末，北京银行发放文化金融贷款 708 亿元，累计为 6500 户文化创意产业提供 2500 亿元的支持，市场份额在北京牢牢居第一位。面向未来，北京银行将加快数字化转型的步伐，以金融科技为手段，持续推动金融科技融合发展。

四、持续开辟金融科技产业高地——以"金科新区"为例

在 2018 年 5 月底的金融街论坛年会上，中关村管委会和西城区政府签订了共建金融科技示范区的协议，随后海淀区也参与其中。2019 年 1 月，经国务院批复"金科新区"升级为国家级金融科技示范区。

自 2018 年 5 月底挂牌至今，金科新区已启动建设一年多时间。金科新区一年来吸引了中移金科、建信金服、爱保科技等 41 家重点金融科技企业入驻，注册资本金近 700 亿元，其中注册资金亿元以上企业 14 家。

金科新区以西城区北展地区和海淀北下关地区为核心区，以德胜地区、广安地区为拓展区。《关于支持北京金融科技与专业服务创新示范区建设的若干措施》（以下简称《金科十条》）于 2018 年下半年出台。《金科十条》从重点支持领域、人才引进培养、应用场景示范、国内国际交流、城市品质提升、营商环境优化等方面给予企业大力支持，全方位降低企业和专业服务机构等运营成本，为入驻企业和机构提供精准暖心服务。2019 年以来新区还建立了北京金融科技研究院；推动金融科技研发生态建

立，设立了北京金融科技产业投资基金，引导金融科技头部企业落地。在楼宇内创造 5G 试验场和相关应用场景，为企业提供最前沿的技术环境及服务支持。还有一系列的环境提升、营商环境优化措施正在跟进。

金科新区的使命就是着力防范金融风险、创新金融服务、促进产业发展，聚焦服务金融安全、创新专业服务，最终形成一系列面向全球的创新产品和服务模式，成为全球金融科技创新的重点区域之一。未来这一区域将为北京发展高精尖的"白菜心"产业提供金融科技支撑，为首都高质量发展和活力创新赋能。

当中国最富有的一条街——金融街遇到中国最具活力的一个村——中关村的相互融合赋能形成的"一区"金科新区，必将迸发出巨大的能量，成为中国金融科技引领世界创新发展的金名片。金科新区整合了最富"一街"和创新活力最强"一村"的资源优势立志要建设与美国华尔街伦敦金融城比肩的金融科技产业高地。

第三节　北京金融支持文化创意企业 孵化器发展存在的问题

近年来，政府和金融机构通过对制度、产品和服务的不断创新，持续加大对孵化器企业的金融支持力度，不断拓展孵化器金融服务的广度和深度，孵化器企业金融服务的覆盖面、便利性不断拓宽、提升，融资成本有所下降，融资环境持续优化，"融资难、融资贵"等问题得到明显改善。但同时也应该看到，孵化器企业金融服务仍是我国金融服务的薄弱环节，特别是经济发展进入新一轮转型期以来，金融服务供给与孵化器企业融资需求之间仍然存在差距，孵化器企业"融资难、融资贵"问题还一定程度存在，需要不断地改进。

一、文化创意企业孵化器融资受政策和经济影响较大

当前我国经济正处在转型升级和供给侧结构性改革深入推进的关键时期，经济形势总体呈现健康上升趋势，但经济发展面临的国际环境和

国内条件都在发生深刻而复杂的变化，经济下行压力增大。文化创意产业发展面临的经济下行约束加强，融资能力以及财务可承受力下降，客观上增加了文化创意产业融资的难度。由于经济结构调整进入阵痛期，房地产、汽车等传统支柱产业进入调整阶段，大部分新业态和新动能在量级上仍弱于传统支柱行业，消费增长相对乏力，加上企业用工、水电、土地、环保等各项成本上升，文化创意产业利润率整体下滑。

政府对房地产市场进行调控后，由于缺乏金融创新手段，大量民间资本寻求不到进入实体经济的通道，从而又进入资本市场、贵金属、收藏品、农产品等可以"资本化"的产品市场，助推通胀预期。海量的民间资本亟待寻求新的投资渠道、投资领域，这对首都文化创意产业发展而言是一个机遇，而民间资金进入文化产业，要变成真正意义上的文化资本，目前还缺乏一批有眼界、有抱负、有运营管理能力的文化资本所有者和管理者。同时，政府财政资金的导向和杠杆作用还未完全发挥作用，撬动社会资本进入文化创意产业领域的能力还有待进一步提升[①]。

二、金融机构的组织体系和服务能力有待改进和提升

我国目前的金融机构的布局在广度和深度上仍显不足，金融服务的能力和水平仍然具有改进空间，与广大文化创意产业对金融服务的期待还有差距。

（一）中小金融机构作用发挥与传导机制有待改善

一是中小金融机构发挥作用相对不足。我国中小金融机构的业务规模、覆盖面、市场份额都相对较小，对孵化器企业的金融支持较小。二是大中型金融机构整体联通机制不畅通。它们虽然普遍成立了相应的部门，但在差异化信贷管理政策、授信审批权限、尽职免责、考核激励等制度安排上还未全面落实到位，基层信贷员对文化创意产业还存在"不愿贷、不能贷、不会贷"的问题。三是信贷结构分布不尽合理。金融机构对政府信用的依赖仍然较强，"垒大户""吃快餐"的思想尚未根本扭转，房地产、基础设施、国有企业占用的信贷资源释放仍需一个过程。

① 李柏峰. 北京文化创意产业发展存在的问题及对策建议 [J]. 科技创新与生产力，2013 （12）：16-20.

四是金融机构服务手段和创新能力不够。风险定价模式单一，缺少差异化、具有针对性的金融产品和服务方式，与文化创意产业的发展特点和融资需求不相适。

（二）政策性担保公司的支撑作用尚未完全发挥

文化创意企业的经营风险和信贷风险相对大中型企业偏高，而商业银行较难完全覆盖风险，所以需要政策性担保机构提供支持。虽然目前我国已有大量的政策性融资担保公司，但受制于体制机制，实际担保效果并不理想。一方面，担保放大倍数偏低。多数政策性担保公司的放大倍数低于 2 倍，部分担保机构存在资本金不到位和"担而不偿"等问题，没有真正发挥财政资金的杠杆作用。另一方面，正向激励不足。政策性担保公司的绩效考核方法不科学，过于侧重盈利和资本保值增值等指标，风险容忍度较低，缺少相应的尽职免责机制，影响业务人员积极性；部分政策性担保公司缺少市场化运作的经营团队和专业人才，现代法人治理结构和管理制度不健全，难以支撑文化创意产业融资担保业务的开展。

（三）社会信用体系和营商环境有待优化

目前，我国社会信用体系和企业营商环境不完善，是制约持续改善文化创意产业金融服务的重要因素之一。一是银企信息不对称问题亟待解决。文化创意产业融资难主要难在缺信息、缺信用，企业的信用信息和经营信息对金融机构至关重要。目前，部分地方政府搭建了统一的企业信用信息共享平台，取得了较好效果，但受多方因素影响，全国范围的信息共享机制尚未建立，银行获取企业信息的难度和成本还比较高。二是企业信用意识仍需提高。由于债权人保护法律制度和信用惩戒机制尚不健全，部分企业诚信意识不足，逃废债行为在部分地区和行业依然存在，破坏了银企信用关系，影响了区域金融生态环境。三是竞争中性原则有待进一步落实。当前我国在落实国有企业和民营企业竞争中性方面还存在一些障碍，如部分行业准入存在限制、产权保护力度不足、部分地区存在地方保护倾向、国有企业拖欠中小企业应收账款等现象均不同程度存在，民营和文化创意产业在经营发展中仍面临隐性壁垒，仍缺乏市场竞争力。

（四）金融支持体系不完善

1. 金融支持文化创意产业孵化器面临更高的风险成本

文化创意产业治理结构不够完善，运营管理不科学，财务制度不健全，导致金融机构无法准确识别企业的生产经营及财务状况，金融服务的信息获取成本较高。文化创意产业贷款的经营成本和风险显著高于大中型企业，如果没有成熟的贷款管理和风控技术，商业银行大量投放文化创意产业贷款的可持续性面临挑战。

2. 金融支持行业分布不均衡

软件网络及计算机服务、广播电视电影业、旅游休闲娱乐和新闻出版四大行业已成为文化创意产业的主体力量，因其发展相对成熟、规模较大，也是获得金融支持最多的几个行业。新三板倾向于动漫、数字出版、网络游戏等具有高新技术的文化创意产业。文化艺术、艺术品交易、设计服务等获得金融支持则较少。

3. 金融服务体系和传导机制不完善

金融业支持文化创意产业发展已取得一定效果，但其对文化创意产业的服务系统还有待完善，对文化创意产业的支撑作用仍需进一步加强。银行业由于自身的缺陷难以对文化创意产业进行准确评级和授信，所以对文化创意产业的贷款发放相对较小。而保险业目前对文化创意产业几乎没有涉足，由此文化创意产业在保险市场有极大的空间和发展潜力，保险机制的引入也可以弥补企业融资的信用不足。

4. 金融支持文化创意产业孵化器服务的可持续性较差

文化创意产业规模小、竞争力不强，抵御风险能力弱，容易受到宏观经济形势和行业周期的影响，这就造成文化创意产业金融服务风险成本更高。问题是很多企业就是机会主义者，别人做了我去模仿，别人做了我去跟随。机会主义在后发的初始阶段是可以的，但是绝对不能够对机会主义产生路径依赖，一定要有自己的模式、自己的成果。

5. 金融支持中企业孵化器不充分

文化创意产业有自己的特征，它的基础是文化资源，是无形资产比重大的文化符号。文化创意产业由于是轻资产，其自身有其特殊性，决定了文化创意产业的融资需求不同于其他产业。文化创意产业普遍具有"轻资产、风险大"的特点，无形资产大且价值评估难，缺乏可做抵押担保的凭据，而孵化器文化创意产业又由于规模小，资信程度低、未来现金流不明确等，导致综合偿债能力一般，制约了金融支持文化创意产业发展的积极性。

三、贷款融资门槛高，孵化器企业融资能力不足

（一）文化创意产业孵化器融资结构不平衡

文化创意产业孵化器知识性的特点使其发展需要高新技术的支撑，融资时有高投入、高风险、高回报的特点。而多数的孵化器创意企业固定资产少，缺少机器、厂房等"硬资产"作为抵押品。因为缺少"硬资产"等抵押品，使商业银行等金融机构较难获得必需的抵押品补偿其投资风险，而无法通过商业银行的贷款评审，无法获得贷款①。

在风险防范上，商业银行等金融机构贷款多倾向于大型文化创意产业，孵化器创意企业难以获得资金的支持，信贷结构的不均衡加剧了孵化器创意企业的融资困难。另外，文化创意产业孵化器复制成本低、边际成本小，有时甚至趋向于零；同时，其传播速度快，原有融资模式没法满足众多孵化器创意企业的融资需求②。

（二）文化创意产业盈利能力具有不稳定性与不确定性

文化创意产业盈利能力不稳定和不确定的局限使它难以获得银行等金融机构的青睐。对于文化创意产业孵化器来说，创意是核心，由于其独创性和独占性，在市场上无价格因素可参考。以文化为支撑的无形资产也只对特定企业才有意义，其价格因素更加不确定。这就导致了其盈利能力的不确定性和可持续盈利能力的不可预测性，容易增加金融机构的贷款风险，也抑制了银行和其他金融机构为其提供资金的意愿。

文化创意产品的非规范性和个性化特征使人们对创意产品的消费更多地看重"精神层面"，而"精神层面"的产品市场需求难以预测，并且其具有可选择性、个性化、多样化等特点，难以实现顾客的普遍性共鸣。此外，消费热点与市场潮流息息相关，具有较强的时效性，使创意产品的价值实现过程更不稳定，这也增加了融资风险。

（三）银行对文化创意产业的授信意愿不足

知识产权是文化创意的战略核心资产，一般以版权的形式表现。但

---

① 杜亚. 法律视阈下文化创意产业融资问题研究［D］. 上海：上海大学，2017.
② 徐海龙. 文化创意产业基础理论［M］. 北京：高等教育出版社，2015.

如上所述，文化创意产业的版权价值不易评估。其一，无形资产确权难。专利、版权等无形资产未有实体载体，归属不明现象突出。其二，无形资产评估难。比如：电影和电视剧本、表演艺术及其他作品可以进行高度标准化的评估，而书法和绘画艺术、动画和其他作品都是低标准化的资产，容易出现评估溢价或折价无形资产，这就增加了评估商业价值的难度。其三，无形资产流动难。由于缺乏权威的文化产权交易市场和相应的交易制度，难以实现产业要素跨部门的大规模流动。其四，各地文化财产交易缺乏整合导致市场分割和贸易壁垒。其五，由政府、银行、担保公司、租赁公司、文化产权交易市场和评估机构等多方合作支持小微文化创意产业融资必不可少。

四、文化创意产业直接与间接融资的比例不平衡

近年来，文化创意产业通过股票、债券发行而获得的直接融资、间接融资占银行贷款的比重在下降，并且远低于发达国家 50% 以上的水平[①]。

在间接融资上，文化创意产业在无固定资产抵押、无担保机构的情况下，难以获得银行的信贷融资。一般而言，间接融资解决短期资本，直接融资解决长期资本，且长期资金的使用难以满足人们对文化创意产业孵化器的需求。

在直接融资上，小、微等文化创意产业不太适合股权和债务融资。许多文化创意产业的财务状况难以达到上市融资的要求。以天使投资、VC 和 PE 则更适合于文化创意产业孵化器，但还是存在资本利得税等配套政策的滞后、股权资本退出渠道不畅、退出机制不通、核心股权不稳定等因素制约。

在债务融资上，孵化器企业等债务融资方式已不能满足文化企业的融资需求，包括大企业都在以集体发债方式"借钱"。

金融转型关键要支持经济创新。也就是说，支持经济高质量发展，就要求高质量、有效的金融体系，关键是如何支持经济创新活动、实现可持续增长。金融的理念与实践都需要创新，可能需要考虑从以下三个

① 李军. 文化创意产业投融资创新 [M]. 北京：中国传媒大学出版社，2014.

方面入手：第一，资本要有足够的耐心。第二，风险管理要适应创新的特点。第三，要在明晰责任的前提下容忍失败。科技孵化器与金融融合的结构不平衡，民营企业孵化器的融资难，有效、多元的科技、文化金融服务体系缺乏，复合型的科技、文化金融人才缺乏等方面的问题是"短板"，应当补足、夯实。

第五章

政府对文化创意企业孵化器
发展的政策支持体系

从 2006 年发展文化创意产业开始，北京市的相关部门就提出要在推动文化创意产业发展过程中，充分发挥政府的主导作用；强调全市各个部门都要为文化创意产业发展营造更加宽松的环境。北京市先后建立了全方位、多角度的工作体系，包括文化创意产业的领导体制、政策保障与规划指导、资金支持和融资服务等。本章围绕政府部门的协同机制和政策制定，促进文化创意产业发展，通过国家各有关部门和北京市政府的政策保障与规划指导不断完善支持体系；健全文化创意产业孵化体系建设的措施。

第一节　政府部门协同规划和指导发展

一、行政主体协同促进

从 20 世纪 90 年代开始，北京市认真落实国务院颁布的文化经济政策，结合具体情况制定并出台了推动文化（创意）产业发展的文化经济政策。文化经济政策根据不同的侧重点可分为三个阶段：一是推动文化事业发展（1996~2002 年），二是进行文化体制改革（2003~2005 年），三是促进文化创意产业发展（2006 年至今）。

2003 年，全国启动文化体制改革试点，作为改革试点地区，北京市大力发展文化企业、开放文化市场，鼓励文化产业良性发展。2004 年，北京市制定了《促进经营性文化事业单位转企改制和鼓励社会新办文化企业的文化经济政策》（京政办发〔2004〕40 号），把改革分成了公益性和经营性文化事业单位的改革，提倡在体制内和社会当中新办文化企业。此后的文化经济政策重点关注税收和经费问题等。《北京市文化产业发展规划（2004—2008）》出台，为后来北京市编制文化创意产业相关规划提供了理论指导。

（一）北京市文化创意产业领导小组

文化创意产业发展战略在 2005 年底提出，为实现这一目标，北京市委、市政府于 2006 年 3 月 24 日成立专门的文化创意产业领导小组，以一种特殊的组织形式将责任具体到每个领导的身上，推动全市的文化创意产业向更高的方向迈进。市委书记亲任组长，市长和宣传部长任副组长，小组成员包括市发改委、市科委、市文化局、市财政局等 23 个相关委、办、局的主要领导，下设办公室。

2006 年 11 月，根据上级组织的决策，市编办批准设立北京市文化创意产业促进中心，作为文化创意产业领导小组及办公室专门推动文化创意产业发展的常设专职机构，主要在六个方面保障政府职能的体现：一是"管政策"，协调相关部门落实市委、市政府促进文化创意产业发展的相关政策；二是"管牌子"，承担全市文化产业方面的认定，及其相关考核、统计和日常工作；三是"管钱粮"，具体实施并跟踪检查文化创意产业发展专项资金，组织项目申报和专家评审等；四是"管调研"，组织有关部门调研北京市文化创意产业发展规划和政策执行情况，组织协调本市文化创意产业重大课题的调研工作；五是"管信息"，掌握本市文化创意产业发展的基本情况，发布有关文化创意产业的信息；六是"管平台"，包括中介服务平台、公共技术服务和交易平台的建设与运营。

（二）文化企业国有资产监督管理办公室

随着文化创意产业的不断发展，文化企事业单位通过改革也走向市场，这就要求北京市进一步深化文化体制改革，调整文化创意产业的管理机制。

根据《北京市人民政府办公厅关于设立北京市国有文化资产监督管理办公室的通知》（京政办发〔2012〕31号），设立北京市国有文化资产监督管理办公室（以下简称文资办），为负责授权范围内国有文化资产监管的市政府直属机构。作为我国第一家文化资产监督管理机构，其代表政府履行国有文化资产监管职能，使国有文化资产保值增值。具体而言，可归纳为处理由内而外、由近及远的"七大关系"：一是文资办的性质与自身机构设置和职能配置的关系；二是文资办和文化企事业单位等国有文化资产营运主体的关系；三是国有文化企业所有权和经营权的产权界定；四是国有文化企业和文化事业单位的辩证关系；五是文资办与"发改委""财政局""国资委""统计局"等经济管理一般机构的关系；六是"新闻出版局""文促中心"等文化业务部门之间的权责利划分及相关关系；七是政治利益、意识形态和文化创意产业的相互关系等。

北京市文资办成立后进行的各类与文化创意产业相关的投融资工作取得了良好的效果，作用突出。创新效果：构建文化创意产业投融资服务体系。针对文化创意产业规模小、资产轻、融资难的问题，构建起"投、保、担、贷、孵、融"多功能、一体化的首都文化投融资服务体系。合力作用：发挥市场与政府双重优势，中央与地方协同，政府、企业与金融机构合作撬动社会资本。平台功能：资本与实业实现对接、文化市场要素之间实现对接。一是金融资本和实体产业对接的投融资平台，一边连接文化企业，一边连接资本市场；二是文化产品生产企业与文化消费者的对接平台，激活潜在需求；三是文化市场要素的对接平台；四是行业和政府部门沟通交流的平台；五是企业了解政府政策的咨询服务平台，如建成北京市文化经济政策服务平台，为企业提供政策发布、政策咨询"一站式"服务。

从效果上看，上述工作体制较好地完成了北京市文化创意产业在初期的历史使命。一是以全面的视角来做出决策，为今后创意产业的发展打下了坚实的基础，把握了其中的结构和布局、人才情况和重要文化创意产业的发展情况。二是在执行上更有力，对相关政策制定及落实，在资金方面进行管理，由此吸收更多的资本，整合社会资源。三是以人为本，对优秀的人才进行培训，形成了一批文化创意产业人才，在该机制下不断开发，助推北京成为全国创意人才聚集中心。四是组织认定了

30 家市级文化创业集聚区，优化其产业环境，推动文化创意产业的发展。

从整体上看，北京市文资办在统筹推进文化创意产业发展方面取得的成效突出表现为：文化创意产业的整体实力持续增强、文化金融生态体系逐步形成、投融资服务体系更加健全等。第一，文化创意产业的整体实力增强：产业增加值大幅增加，结构不断优化。近年来，北京市的文化创意产业始终保持快速增长态势，整体实力持续增强，对地区经济的贡献率不断提升。第二，文化金融政策环境不断优化，搭建各类服务平台。北京市积极搭建各类平台，为推动文化创意产业发展提供更加全面的支撑和服务，服务方式和手段进一步拓展，O2O 综合服务网络初步建成，文化金融生态体系初步形成。第三，政策环境不断优化，文化创意产业 "1+X" 政策体系更加完备。

二、北京文化创意产业的建设规划

深入学习贯彻党的十九大精神和《北京城市总体规划（2016—2035年）》，按照《北京市 "十三五" 时期加强全国文化中心建设规划》（京政发〔2016〕20 号）、《北京市 "十三五" 时期文化创意产业发展规划》（京宣发〔2016〕29 号）关于加快建设市级文化创意产业示范园区的工作部署，扩大文化创意产业示范园区的辐射力影响力，进一步优化完善北京市文化创意产业的空间布局，加快推动文化创意产业引领区建设，有力支撑京津冀协同发展和全国文化中心建设。

（一）文化创意产业园区建设发展亮点

北京市重磅出台文化创意产业园区建设发展 19 条，是北京 "减量、绿色、创新" 模式下，实现经济高质量发展的重要方法，是实现文化创意产业高度聚集的标杆做法。

1. "三高九新" ——聚焦新政亮点

第一，是聚焦北京文化创意产业转型升级之后的高端、高新、高附加值这样一个 "三高" 的特点。通过聚焦文化创意产业高端方向、高端领域、高端环节，推动文化创意产业结构升级、业态创新、链条优化。第二，是聚焦北京市文化创意产业体系构建中的九个新兴业态。在 2014

年出台的《北京市文化创意产业功能区建设发展规划（2014—2020年）》（京政发〔2014〕13号）中，提出了全市文创产业错位发展的空间格局，规划建设20个文创功能区，以形成特色化、差异化、集群化的发展态势。同时明确提出要"促进文化艺术、广播影视、新闻出版三大传统行业优化升级；壮大广告会展、艺术品交易、设计服务三大优势行业规模"。而《关于推进文化创意产业创新发展的意见》（京发〔2018〕14号）则明确回答了新时期北京应当发展什么样的文创产业，提出重点打造创意设计、媒体融合、广播影视、出版发行、动漫游戏、演艺娱乐、文博非遗、艺术品交易和文创智库九大重点领域及其重点环节。

2. 京津冀协同发展战略实施再现文创企业的发展机会

未来北京文化创意产业的前行要求北京的文化创意产业发展要走出一条"新路"。京津冀协同发展战略实施将把那些不利于环境发展，不利于市场要素提升的产业类型，会在这一轮的淘汰当中逐渐被疏解。北京市文化创意产业发展的又一次转型升级，一次更新换代，还标志着北京文化创意产业发展的一次大洗牌，这既是一次产业结构调整，更是一次产业结构调整之后迈出的新步伐。

3. "1+N+X"文化创意产业政策体系

《关于推进文化创意产业创新发展的意见》是统领意见，即"1"。"N"是指在"1"之下会有若干政策来支撑，每一个行业、领域制定政策。"X"是为了实现每一项政策，有若干具体的实施的举措。

（二）北京市文化创意产业园区现状

北京市文化创意产业园区面向全市文化类园区进行认定，每年认定一次，目的是将各类符合条件的文创园区纳入市级管理范畴，加强对文创园区发展的指导和服务。首批公布33家入选园区，包括：751D·PARK北京时尚设计广场、768创意产业园、77文创园（包括美术馆、雍和宫、国子监等3家）、798艺术区、北京城乡文化科技园、北京DRC工业设计创意产业基地、北京大兴新媒体产业基地、北京德必WE国际文化创意中心（天坛）、北京电影学院影视文化产业创新园平房园区、北京懋隆文化产业创意园、北京塞隆国际文化创意园、北京天桥演艺区、北京文化创新工场车公庄核心示范区、东亿国际传媒产业园、恒通国际创新园、弘祥1979文化创意园、嘉诚胡同创意工场（包括嘉诚有树、科玛斯车间、东城文化人才创业园、嘉诚印象、菊儿胡同 7 号五家）、莱锦文化创意产业园、郎园 Vintage 文化创意产业园、清华科技园、尚 8 国际广告园、数码庄园文化创意产业园、腾讯众创空间（北京）文化创意产业园、天宁 1 号文化科技创新园、西什库 31 号、西海四十八文化创意产业园区、"新华 1949" 文化金融与创新产业园、星光影视园、中关村东升科技园、中关村软件园、中关村数字电视产业园、中关村雍和航星科技园、中国北京出版创意产业园。

（三）北京市文化创意产业功能区的建设发展规划

北京市文化创意产业功能区的建设发展与新时期京津冀协同发展的总体需要是高度一致的。"十二五"以来，林林总总的聚集区在带动北京市文化创意产业发展的同时，也产生了一些问题。2013 年，北京市对各个区县出现的问题进行研究，并提出了解决路径，将市区与各区县有机统一，明确文化创意产业发展的梯次，最终规划打造了 20 个"文化创意产业功能区"，总体思路是把一些地理位置相邻、业态相近的集聚区，组建为大型的功能区。

功能区的建设思路进一步突出了各区县文化创意产业的主导门类，在发展上只求专而精、小而新，力戒多而杂、大而全，谋求重点突破，推动文化创意产业向"专、精、特、新"的方向转型。北京市各区县对行业进行细分，明确其具体任务，优化产业布局，是北京市文化创意产业发展的重要引擎。

功能区建设凸显了市场在北京文化资源配置中的积极作用和"功能"的纽带作用，有利于形成功能区内部、功能区之间、功能区与各区县及京津冀相互沟通、相互促进、相互融合、共赢发展的良好局面。

第一，主导产业有利于促进文化创意产业功能区内部的空间品质提升。一方面，由于各功能区都安排了自己的主导产业，公共服务平台、产业联盟等社会组织的建设得以顺利推进，有利于形成关联互动的产业体系和沟通高效的公共空间体系，便于解决共性问题、利用共性资源，形成产业统筹发展体系和协作机制。另一方面，由于有了功能区主导产业的统筹，原有的中小型园区得以融合发展，"形成合力办大事"，共同提升产业竞争力，最终形成各功能区内部空间特色鲜明、文化氛围浓郁，功能区之间联系便捷、策略呼应、多点支撑的产业发展和空间布局体系。第二，文化创意产业功能区能够促进北京市其他产业功能区的发展。首先，文化创意产业功能区建设以文化科技融合为主线，必然推动文化创意产业功能区和中关村国家自主创新示范区的协调发展，促进文化和科技融合。其次，文化创意产业功能区注重文化与金融融合，可推动功能区和金融街的协调发展。最后，文化创意产业功能区能带动北京传统产业的转型升级和工业遗产的保护利用，提升高技术制造业的发展质量及产业附加值，提升现代服务业的社会效益，形成与北京经济技术开发区、临空经济区、首钢老工业区等高端产业功能区协调发展的宏大格局。第三，文化创意产业功能区建设有利于中心城区非核心功能的疏解，同时提升远郊区县文化功能，进一步凸显人文北京的城市空间特色。首先，脏乱差的旧城胡同、"城中村"、小商品批发市场，以及闲置、废弃或没有得到充分利用的商业办公设施、城区废旧厂房等非核心功能，一直困扰着北京建设世界城市的步伐。20 个文化创意产业功能区的布局，巧妙纾解了北京市中心城区的这些顽疾，为核心功能置换创造了条件。文化创意产业功能区成为改善旧城风貌、提升旧城品质的有效抓手。其次，在功能区主导产业的统筹下，原有的中小型园区得到共同发展，"齐心协力办大事"，一起提升产业竞争力，最终形成各功能区内部空间特色分明、文化氛围浓厚，功能区之间联系方便、多点支撑的产业发展格局和空间布局模式。最后，在文化创意产业功能区的统筹下，各区县有机会按照新城定位和产业链分工，依托产业特色优势发展文化创意产业，形成新的产业集群和文化娱乐综合体，进一步带动区级产业均衡、共同发展，增强新城文化气氛，提升首都生活品质。第四，文化创意产业功能区建设可以推动京津冀创意产业实现区域协同发展。"地域一体、文化一脉"是京津冀地区协同发展创意产业的前提基础。按照北京全国文化中心的定位和非首都核心功能疏解的部署，依据文化创意产业内部行业特点，京津冀地区在出版发行功能区、文化艺术品交易功能区的设备制造、批发集散环节和影视产业功能区等方面都有较好的合作基础。例如，部分外景基地转移至天津及河北地区更具房租和优势的区域。一方面，对于动漫网游及数字内容功能区、798 时尚创意功能区、戏曲文化艺术功能区、音乐产业功能区、新媒体产业功能区、创意设计服务功能区、会展服务功能区，天津以及廊坊、保定等河北城市都有一定基础，具备产业链联系，较为方便与北京进行协同作战。另一方面，天竺文化保税功能区、奥林匹克公园文化体育（会展）融合功能区、北京老字号品牌文化推广功能区、未来文化城功能区、主题公园功能区、历史文化和生态旅游功能区等，北京都有能力服务天津、河北消费者文化需求的能力（见图5-1）。

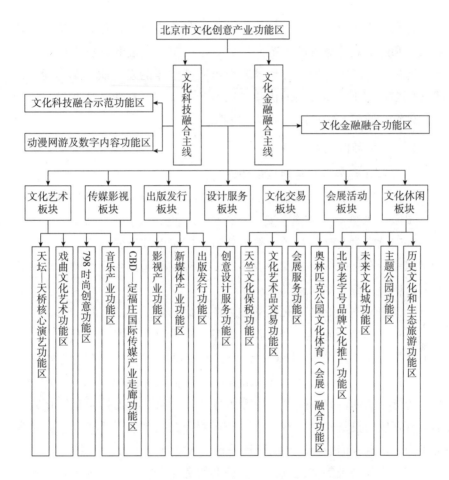

图5-1　北京市文化创意产业功能区产业支撑体系

资料来源：《北京市文化创意产业功能区建设发展规划（2014—2020年）》。

以功能区为载体，利于加快推进京津冀文化市场的一体化进程，便于资本、技术、产权、人才、劳动力等要素的自由流动和优化配置，优化区域产业布局。文化科技融合示范功能区、文化金融融合功能区以及传媒行业、出版发行、设计服务、文化贸易等板块的功能区，有望在环渤海区域乃至全国文化创意产业发展中发挥示范引领和辐射带头作用，持续提升我国文化创意产业的核心竞争力。

三、进一步推动示范园区建设的带动作用

北京市应在全市范围内建成一批企业发展良好、产业特色鲜明、社会效益和经济效益显著的示范园区，对全市园区发展起到突出的带动作用：通过示范园区建设，带动提升全市园区整体的发展质量和内涵，促进文化创意产业空间布局的优化，辐射带动京津冀产业一体化发展，为文化创意产业引领区建设提供强大支撑。

（一）全方位支持示范园区建设

1. 支持示范园区改善园区硬件设施

第一，支持示范园区建设运营管理机构改造园区的硬件基础设施，开展园区环境整治。对符合支持条件的水、电、气、热、通信、非主干路等基础设施建设改造及环境整治项目，按照市政府固定资产投资项目管理程序和现行政策给予支持。第二，支持示范园区建设运营管理机构在园区内新（配）建文化设施。

2. 支持示范园区为文化创意企业提供公共服务

第一，支持示范园区建设运营管理机构采取自行组织或与社会中介服务机构合作的方式，开展政策咨询、创业辅导、人才培训、人才引进、知识产权保护、政策宣讲、模拟路演、交流推介、市场营销、产权交易、财务指导、法律咨询、技术支持等服务活动。第二，支持示范园区建设运营管理机构投资建设、升级改造和运营公共技术服务平台、投融资服务平台、信息咨询平台、文献资料平台、人才培养平台、成果转化平台、知识产权服务平台等文化创意产业公共服务平台。第三，支持示范园区通过运营管理机构与文化产权、版权服务机构合作，按优惠价格为文创企业提供版权登记、评估、交易、维权等版权服务，提升文创企业的版权运营能力。

3. 支持示范园区培育和引进骨干文创企业

第一，鼓励示范园区培育和引进骨干文创企业，加快文化核心要素和高端产业要素聚集，完善产业链条，提高园区创新发展水平。鼓励示

范园区内骨干文创企业发挥龙头带动作用，以专业化分工为纽带，成立产业联盟、行业协会、产业中介等行业组织，制定共性标准、整合行业资源、协调行业利益、加强行业自律，促进产业健康快速发展。对带动作用突出的骨干文创企业，在人才引进、品牌推广等方面予以支持。第二，优先推荐示范园区内符合条件的文创企业申报国家文化产业发展专项资金、全国"文创企业30强"、国家文化出口重点企业和重点项目，以及北京市政府投资引导基金、宣传文化引导基金、文化艺术基金、影视出版创作基金、提升出版业传播奖励扶持专项资金、外经贸发展专项资金等支持。

4. 支持示范园区开展文化金融服务

鼓励示范园区建设运营管理机构与金融机构合作，搭建投融资服务平台，为园区内外的文化创意企业提供债权、股权等融资服务。通过园区投融资服务平台获得融资的文化创意企业，按照贴息、贴租、股权融资奖励等方式给予支持；对与园区投融资服务平台合作的银行、担保公司、融资租赁公司、天使投资机构、创业投资机构等金融机构，按其通过平台为文化创意企业提供的融资业务的规模，给予一定比例的资金奖励；鼓励有条件的示范园区与投资机构合作设立园区股权投资基金，对园区内优秀的文化创意企业进行天使投资、创业投资，支持文创企业发展壮大。

5. 做好示范园区文创人才服务

第一，加强示范园区文化创意人才的队伍建设，基于北京市人才引进政策上，引进示范园区急需的人才。第二，优先支持示范园区内符合条件的优秀文化创意产业人才按照有关规定申报"四个一批""百人工程""高创计划"等国家和市级人才工程、计划。第三，定期组织示范园区的管理人员、重点文创企业负责人参加市级文化创意产业的培训活动。

6. 支持示范园区开展品牌建设及推广活动

第一，鼓励示范园区在北京市城市发展新区、生态涵养区建设文化产业公共服务平台、分园等，输出园区品牌，扩大园区影响力。所设分园经认定，可享受与示范园区同等的政策支持。第二，鼓励示范园区组织入驻文创企业参加全国"双创周""一带一路"国家节展活动、深圳文博会、北京文博会、北京国际设计周、北京国际电影节、北京国际图书节、北京科博会、京交会、北京市文化创意创新创业大赛等国家和市级重大文化产业活动，为文创企业参展参会创造便利条件。第三，利用市属媒体资源，深度挖掘示范园区服务文创企业、带动产业发展的故事，为示范园区量身打造宣传栏目，提升示范园区品牌影响力，进一步发挥其服务文化创意产业发展的示范带动作用。

7. 支持国家和市级文化经济政策在示范园区先行先试

第一，鼓励示范园区用好用足国家和北京市相关文化创意产业政策，为国家文化产业创新实验区、服务业扩大开放综合试点、促进文化科技融合发展等相关政策在示范园区落地实施提供便利条件。第二，利用市文化改革和发展领导小组办公室专题会议机制，帮助示范园区统筹协调解决建设发展过程中面临的"瓶颈"和重大问题。定期组织专家学者、咨询机构、相关部门等到示范园区进行实地问诊，并通过组织文化产业沙龙、现场推进会等方式为示范园区建设发展出谋划策。

（二）提升运营管理水平

1. 坚持把社会效益放在首位，实现社会效益和经济效益相统一

示范园区建设运营管理机构应把社会效益放在首位，把握好园区文化生产的导向，为园区文创企业创造符合社会主义核心价值观要求的文化产品和服务提供有利条件，引导园区文创企业生产社会效益和经济效益相统一的文化产品和服务，推出一批讴歌党、讴歌祖国、讴歌人民、讴歌英雄的精品力作。示范园区建设运营管理机构应树立服务区域文化发展的意识，结合园区实际，搭建公共文化空间，适当开放园区公共服务资源，为区域公众提供每季度不少于一次的文化讲座、文化沙龙、公益文化展览等公益文化服务，把示范园区打造成为公共文化新地标和爱国主义教育、社会主义教育、文化科普的重要载体。

2. 建立常态化联络机制

示范园区建设运营管理机构应指定一名负责人和一名工作人员作为联络员，主动贯彻落实我市促进文化创意产业发展的相关工作部署，积极参与我市文化创意产业相关座谈、研讨、培训等活动。示范园区建设运营管理机构应于每年初将上一年度建设发展总结及下一年度工作计划报市文化改革和发展领导小组办公室。同时，示范园区若发生园区性质或功能变更、产业方向调整、管理运营机制变更、公共服务平台或基础

设施变更等影响园区运营的重大事项，须及时向市文化改革和发展领导小组办公室备案。

3. 建立园区统计机制

示范园区建设运营管理机构应注重园区统计工作，不断健全完善园区发展统计体系，完善数据采集、分析和监测机制，及时掌握入驻文创企业发展情况，每季度向市文化改革和发展领导小组办公室报送在园文创企业数量、占比、收入等有关数据，为发现问题、优化服务、考核绩效、总结模式、推广经验提供支撑。

4. 充分发挥基层党组织作用

示范园区应不断健全运营管理机制，加强管理团队建设，优化公共服务体系，提升园区服务和管理水平。园区建设运营管理机构应联合园区内文创企业建立基层党组织，充分发挥党员先锋模范作用，团结带领群众共同推动园区建设，不断提高园区党支部创造力、凝聚力、战斗力。

(三) 健全示范园区管理机制

1. 进行考核评价

北京市文化改革和发展领导小组办公室负责示范园区的认定和管理，秉持公开、公平、公正原则，组织第三方机构开展示范园区认定，每两年认定一次。对示范园区实行动态管理，组织相关部门及专家对已认定的示范园区进行考核，每两年考核一次。对示范园区的考核包括园区运营管理是否符合国家和北京市有关政策法规、园区的社会效益和经济效益、示范带动作用发挥情况、统计监测体系建设情况、开展公益文化服务情况、所获支持资金使用情况等。考核结果分为合格、限期整改、撤销命名三个等级。

2. 建立园区退出机制

对于考核未达到合格标准的园区，做出限期整改处理，整改期不超过六个月。对于在规定期限内整改不达标、以虚假材料骗取示范园区资格、存在重大违法违规行为、园内文创企业生产的文化产品或提供的文化服务以及其他行为不符合主流价值导向并对社会造成不良影响、不按规定使用和管理支持资金、不按规定接受示范园区管理和考核、不配合开展统计监测和公益文化服务等的园区，做撤销命名处理。

3. 形成市区两级建设合力

北京市文化改革和发展领导小组办公室负责制定、实施和完善示范园区支持政策。示范园区所在区的区委宣传部协助指导示范园区建设和发展，并为示范园区提供相应服务，形成市区两级共同支持示范园区发展的良好局面。

四、推进文化创意相关产业融合发展的内容与措施

（一）行动的重点内容

1. 文化创意产业提质行动

把提升文化创意和设计服务水平作为推动融合发展的基础，通过结构优化、内容创新和培育需求，增强渗透力、辐射力和带动力。

2. 数字内容产业提速行动

坚持科技创新与文化创新相结合，加强文化创意与信息服务的互动支撑，加快培育双向深度融合的新型业态。

3. 旅游文化内涵开发行动

赋予旅游产业更多文化内涵，促进文化与旅游资源整合、业态融合，积极推动参与式、体验式特色旅游发展，提升旅游内涵质量。

4. 教育服务业态培育行动

积极提供文化艺术教育服务，加强文教产品创意开发和应用，积极培育开放式、社会化教育服务业态。

5. 体育产业空间拓展行动

深入挖掘体育运动文化内涵，发挥体育产业和体育事业良性互动作用，以创办精品赛事为核心，促进体育产业体系更加完善。

6. 城市文化品位提升行动

坚持以人为本，注重传承创新，加强首都城市规划建设的文化元素融入，营造充满活力与创意的和谐宜居环境。

7. 文化金融服务创新行动

创新文化金融产品，完善服务体系，通过优化配置金融资源促进产业融合，争创国家文化金融示范区。

8. 商务服务业态优化行动

以文化创意和设计服务丰富商品种类和商业业态，以商务繁荣带动

创意转化，积极促进大众消费。

9. 制造业产业链升级行动

着眼于京津冀协同发展、调整疏解非首都功能，加强工业设计的研究和应用，提升产品设计创新能力，推动"北京制造"向"北京设计""北京创造"转变。

（二）保障措施

1. 做好顶层设计和谋划，着力转换发展方式，真正实现创新升级

各分园要精心做好产业定位布局这篇文章，主动错位发展，精心培育优势技术创新生态，发挥对全市和周边相关领域带动作用。中关村管委会要进一步提高改革创新力度，不断促进科技创新与政策创新，努力做到降低门槛、提高效率、降低成本，加强创新资源整合，统筹推进有关一区多园高精尖产业总体布局工作，做强做大北京创新引领的先发优势，带动全市乃至全国产业整体提质增效。

2. 政府的正确定位

应该把支持的重点应在营造孵化器发展的环境上。通过研究，我们还发现，每个孵化器的条件是有区别的，而建立专业技术孵化器更需要具备一定的条件才能够很好地发展，所以，政府也不宜过度地强调建立专业技术领域孵化器，在鼓励专业技术领域孵化器发展的同时，允许并鼓励综合孵化器的存在，尤其是在郊区县的孵化器。政府对孵化器的要求应重点强调其提升专业服务能力上来。

各级政府对创新创业的支持力度依然不减。除了采取措施直接推动创新创业，包括成立孵化器、加速器、投资基金，制定国家和地方的创新政策，减税，提供贷款，各国政府也在间接扶持创新创新，具体做法包括资助孵化器和加速器，成立引导基金，政府采购倾斜。此外，我们还发现了另外两大趋势：高校成立孵化器和加速器支持本校学生、教职工和校友创业；大企业成立孵化器和加速器推动行业创新。

3. 强化财税政策引导机制

2016 年 2 月，国务院又颁布了《关于加快众创空间发展服务实体经济转型升级的指导意见》，提出从财政奖励和补助、税收优惠、政府引导基金等多方举措，加大促进众创空间专业化发展的政策支持力度。鼓励引导社会资本设立产业融合发展基金。

4. 多路径培养创意人才

不同于一般产业，文化产业生产的文化产品具有以内容为核心的特点。"创意为王"是文化产业的内在要求，这表明了创意之于文化产业的特殊重要性。创意来自人的智慧、思维和灵感，因此培养人才是发展文化产业的重中之重。所以政府应该，力培养孵化器人才、建立激励机制：一方面可建设孵化器人才服务平台，按照服务企业的人才数量给予一定比例的资金支持，加强人才的创业辅导培训。另一方面，孵化器整体管理水平较低，高等院校可设立相关管理专业，政府可以通过企业孵化器管理师资格认证办法。具体来说就是政府应当针对高端文化创新人才推行相应的补贴政策，倡导推行对文化创意人才的激励管理和领军人才的发展。只有这样，人才方能发挥出最大的潜能，进而推动整个产业的发展。建设文化创意职业技能人才培训基地，通过与国际知名培训机构共建合作，培养一批高层次、复合型、国际化的文化创意和设计服务人才。

5. 构建企业成长培育机制

发挥中小企业发展专项资金作用，进一步支持文化创意和设计服务企业发展壮大，促进产业融合发展，重点培育一批创意内涵多、增长潜力大、带动效果好的企业，打造跨界融合型领军企业。加快文化创意和设计服务领域的国有企业股份制改造和事业单位分类改革，支持引进社会资本，以参股、控股、收购、兼并等形式实现跨地区、跨行业战略重组。

6. 完善对外合作开放机制

加快国家对外文化贸易基地建设，搭建跨境电子商务云服务平台，不断扩大对外文化贸易。实施"走出去"战略，鼓励企业积极开拓国际市场，参加国际知名创意和设计评选活动，参与制定国际标准。积极推进京津冀文化创意和设计服务与相关产业融合发展的区域协作。

7. 完善统计评估服务机制

加强文化创意和设计服务类产业的统计监测与分析工作，完善相关统计指标体系。建立融合发展项目、企业、园区（基地）数据库，强化融合发展绩效分析。

第二节　政策支持体系更加健全

一、国家层面的政策引领

（一）促进中小企业及民营经济发展

2017 年 9 月 1 日，全国人大常委会表决通过了新修订的《中华人民共和国中小企业促进法》（以下简称《新促进法》），并于 2018 年 1 月 1 日起施行。《新促进法》更注重听取中小企业的声音，激发了中小企业创业创新的活力，有利于中小企业持续健康发展。

2018 年，国家税务总局印发《关于实施进一步支持和服务民营经济发展若干措施的通知》（税总发〔2018〕174 号），使办税程序简化、办税资料精简、多个事项集中完成，在提高效率的同时，工作更加有序化。

（二）优化小微企业发展的社会信用环境

为进一步提高信用信息覆盖面，增强社会信用机制，2014 年以来国务院相继颁布了《社会信用体系建设规划纲要（2014—2020 年）》及一系列重要的政策文件，对任务做了具体要求，明确了职责分工。

2018 年，国家发展改革委员会联合中国人民银行印发《关于对失信主体加强信用监管的通知》（发改办财金〔2018〕893 号），并同各相关部门签署了 51 个联合奖惩合作备忘录，实施跨部门多层级失信联合惩戒，有效推进社会信用体系建设，完善守信联合激励和失信联合惩戒机制，为小微企业和民营经济高质量发展创造了良好的信用环境。

（三）税收优惠支持创业投资企业发展壮大

2018 年 5 月 14 日，财政部、国家税务总局联合发布《关于创业投资企业和天使投资个人有关税收政策的通知》（财税〔2018〕55 号），规定符合条件的创业投资企业和天使投资个人可按投资额的 70% 抵扣应纳税所得额，从而降低创业创新的成本，提升科技创新型小微企业发展动力。财政部、国家税务总局、国家发展改革委、证监会积极研究创业投资企业税收优惠政策实施方案，提高了企业创业投资的积极性，有利于创业投资企业发展壮大。

（四）引导科技企业孵化器高质量发展

《中华人民共和国中小企业促进法》《中华人民共和国促进科技成果转化法》《国家创新驱动发展战略纲要》的颁布，对我国科技企业孵化器的发展具有引领作用，同时有利于营造良好的科技企业成长环境，提高大众创业万众创新的水平，进一步建设创新型国家。科技部通过研究制定了《科技企业孵化器管理办法》，修订《国家大学科技园管理办法》，制定《关于促进国家大学科技园创新发展的指导意见》，指导各类创新创业孵化载体为科技型企业提供全方位的科技服务。

二、北京市层面的政策引领与保障

政策保障与规划指导是北京市委、市政府引导文化创意产业发展的主要手段，目前已经形成了较为完备的配套体系。据不完全统计，北京市及所辖各区县在 2005~2019 年共出台规划、政策、实施办法等共计 80 余项。下面仅列举一部分重要的、与本书讨论内容相关的政策举措：

（一）基础综合性指导政策（2005~2017 年）

这类政策是北京发展文化创意产业的基础，从宏观层面对北京市文化创意产业的发展进行了总体设计。

1. 北京市政府文化创意产业总体发展规划

2006 年发布的《北京市促进文化创意产业发展的若干政策》、2008 年发布的《北京市"十二五"时期文化创意产业发展规划》、2014 年发布的《北京市文化创意产业提升规划（2014—2020 年）》及 2016 年发布的《北京市"十三五"时期加强全国文化中心建设规划》，使北京市文化创意产业发展的格局进一步明确，引领相关部门和区级政府发布了一系列政策。

2011 年，《中共北京市委关于发挥文化中心作用加快建设中国特色社会主义先进文化之都的意见》发布之后，北京市出台的文化创意产业政策和规划在很大程度上缩减，但是更为精练、渐成体系，被称为"1+X"系列阶段。"1"就是《中共北京市委关于发挥文化中心作用加快建设中国特色社会主义先进文化之都的意见》，"X"就是陆续出台的关于文化与科技融合发展、文化与旅游融合发展、文化金融创新等专项政策或行业政策。北京市在文化创意产业领域搭建起了综合性的支撑保障体系。

2014 年，北京市发布《关于进一步加强金融支持小微企业发展的若干措施》（京政办发〔2014〕58 号）重点提出要加快发展文化创意产业小额贷款公司，将文化和科技引入小微企业投资；《北京技术创新行动计划（2014—2017 年）》强调要以科技带动服务业的发展，将科技与金融、文化等现代服务业相融合。

2. 金融支持首都文化创意产业发展的指导意见

为了加快推进金融业对我国文化创意产业的服务，使文化创意产业不断发展走向繁荣，北京市政府及相关部门从实际出发制定并出台了一系列政策。

《北京市文化创意产业贷款贴息管理办法（试行）》《关于金融支持首都文化创意产业发展的指导意见》《关于金融支持文化产业振兴和发展繁荣的指导意见》《关于金融促进首都文化创意产业发展的意见》《关于进一步推动知识产权金融服务工作的意见》《北京市金融工作局中共北京市委宣传部关于印发金融促进首都文化创意产业发展意见的通知》《关于支持银行业金融机构在中关村国家自主创新示范区开展科创企业投贷联动试点的若干措施（试行）》《关于进一步优化金融信贷营商环境的意见》《进一步深化北京民营和小微企业金融服务的实施意见》《关于首都金融科技创新发展的指导意见》《深化金融供给侧改革持续优化金融信贷营商环境的意见》等，从宏观角度对北京市文化创意产业的金融支持提出了相关要求，对其发展工作做了相关部署，明确了两者对接和融合的方向。

（二）基础综合、整合性指导政策（2017 年至今）

1. 《北京市支持建设世界一流新型研发机构实施办法（试行）》

该文件落实了《国务院关于印发北京加强全国科技创新中心建设总体方案的通知》（国发〔2016〕52 号）和《中共北京市委关于深化首都人才发展体制机制改革的实施意见》（京发〔2016〕15 号）。新型研发机构是指由战略性科技创新领军人才领衔，采取与国际接轨的治理模式和运行机制，协同多方资源，从事基础前沿研究、共性关键技术研发的事业单位或科技类民办非企业单位（社会服务机构）；战略性科技创新领军人才是指在基础前沿、共性关键技术研究方面具有世界学术声望、重大原创贡献的全球顶尖科学家，在科技创新方面具有全球战略眼光、突出管理能力的创新型企业家，以及其他专注科技创新领域的杰出投资和管理型人才。这份文件是北京市实施创新驱动发展战略，加强全国科技创新中心建设的重要抓手①。

2. 推进文化创意产业创新发展的意见

2018 年 6 月 21 日，北京市发布《关于推进文化创意产业创新发展的意见》（京发〔2018〕14 号）（以下简称《意见》），明确了北京市文化创意产业创新发展的指导思想、基本原则和发展目标，并从多个领域入手阐述了由"两大主攻方向"和"九大重点发展领域环节"组成的文创"高精尖"内容体系，对于做好首都文化这篇大文章，坚持和强化首都核心功能起到了根本性的作用。"两大主攻方向"分别指"数字创意"和"内容版权"，前者强调科技创新的功能支撑，后者突出文化内容的价值引领。

"九大重点发展领域环节"包括：创意设计、媒体融合、广播影视、出版发行、动漫游戏、演艺娱乐、文博非遗、聚焦艺术品交易、文创智库，旨在培育出一批世界知名文化团体和创意人才，推出一批有深远影响力的文艺原创精品，推进文化产业多领域发展。

通过对《意见》整体内容以及当前文化创意产业发展情况的分析，我们可以得知北京市出台《意见》有三方面的原因：

一是落实中央精神。《意见》是在党的十九大精神、习近平新时代中国特色社会主义思想以及习近平总书记对北京发展规划的讲话精神的指引下制定的。党的十九大报告利用专章的篇幅阐述了我党对文化工作的部署，把文化建设上升到关系国家、民族发展的高度，指出文化是一个国家、一个民族的灵魂。文化兴则国运兴，文化强则民族强，提出要启发全民族文化创新创造活力，建设社会主义文化强国。在此背景下，北京市出台《意见》，目的就是落实中央精神，推动文化事业和文化产业发展。

---

① 全国科技创新中心. 全国科技创新中心建设新添重磅政策，北京市出台支持建设世界一流新型研发机构实施办法［EB/OL］. http：//mp. weixin. qq. com/s/rCcmg - NzQqdxKvcahjhdeQ，2018-01-03.

二是基于北京的城市战略定位。在党的十九大精神的指引下，出台促进文化创意产业发展政策，北京市并非首位，上海市已经先于北京市在 2017 年底出台了相关意见。北京市比上海市多酝酿半年出台相关文件，或因为北京市要大力推进自身城市功能定位中"全国文化中心"的建设。可以得知，《意见》也是在北京市城市战略定位的要求下制定的。

三是基于文化产业的经济和社会贡献。北京是全国影视创意策划、制作生产、宣推发行、国际传播的中心，影视机构总量、产业规模和产量均居全国第一。电影作为文化传播的形式，本身就带有影响社会风潮和开启民智的功能，其所属行业所带来的社会效益和经济效益是其他产业不可比拟的。因此，基于文化产业的经济和社会贡献，政府部门鼓励和引导产业的发展。

3.《关于进一步做好小微企业续贷业务支持民营企业发展的指导意见》

为贯彻落实党中央、国务院关于改进小微企业的金融服务、支持民营经济发展的重要指示精神，并根据包括中国人民银行在内的五部委所发布的文件：《关于进一步深化小微企业金融服务的意见》（银发〔2018〕162 号）（以下简称《意见》），与此同时也包括了北京市支持民营企业、小微企业发展的相关要求，促进增强辖区内金融机构服务小微企业的能力，引导更多资金用于支持民营和小微企业发展。

《意见》明确严格禁止为关注类、不良类贷款办理续贷；在定价方面严格遵循市场化原则，并鼓励银行续贷产品利率定价不要过高，并严禁借续贷业务"搭车收费"这一变相抬高小微企业融资成本的行为。

4. 北京 "6+1" 举措改善融资环境

为了改善科创民营小微企业融资环境，并着力解决小微企业"融资难、融资贵"等问题，北京市正加快实施"6+1"融资支持政策。① 具体来说，即搭建融资担保平台，设立总规模不低于 100 亿元的融资担保基金，整合政策性融资担保机构组建融资担保集团；搭建起小微企业的金融综合服务平台，并发挥北京金融控股集团的作用，充分运用大数据资源和社会信用管理制度，推动信用贷款增长；设立不良资产处置公司，盘活存量资产。

---

　① 潘福达. 北京促进科创、民营、小微企业融资工作座谈会［N］. 北京日报，2019-02-25
(2).

北京市文化创意产业已经成为支柱产业，文化创意产业之所以高速发展，离不开这些资金的支持。最初是以财政资金支持为主做投融资体系发展，由财政支持五亿作为文化创意产业发展的专项资金，同时市发改委还支持五个亿作为集聚区发展的资金。同时，政府搭台、企业唱戏，北京产权交易所给企业项目对接。市委市政府出台资金支持政策，按照市场化运作，最初是补贴，不断发展支持方式，通过贷款贴息奖励等方式支持文化创意产业发展。

加强文化创意产业投融资基础环境建设，建立首都文化创意产业信用促进会，通过信用激励方面引导企业规范化发展；加强中介机构的培育，培育权威知识产权的机构和信用评估机构；构建首都文化创意产业投融资联盟，充分发挥企业、行业协会的专业优势，促进文化创意产业与金融业的合作。

（三）具体行业性扶持政策

与文化产业各行业相关的 37 条政策主要集中在文化艺术服务、文化休闲娱乐、广播电视电影、软件和信息技术及广告和会展服务这五大行业中。其中，有关文化休闲娱乐的政策最多，为 16 条，占比接近政策总量的一半；有关文化艺术服务行业的政策有 9 条；有关广播电视电影行业的政策有 7 条。文化艺术服务行业的政策多关注文物及非物质遗产保护领域，而文化休闲娱乐行业的政策则多关注旅游行业，如《北京市人民政府关于全面推进北京市旅游产业发展的意见》（京政发〔2008〕45 号）、《关于贯彻落实国务院加快发展旅游业文件的意见》（京政发〔2010〕28 号）。北京市文化局、北京市财政局、北京市国家税务局、北京市地方税务局转发国家文化部、财政部、国家税务总局发布的《动漫企业认定管理办法（试行）》（文市发〔2008〕51 号），并印发《北京市动漫企业认定管理工作实施方案》（京文市发字〔2009〕717 号）。北京市工商行政管理局、中共北京市委宣传部、北京市发展和改革委员会、北京市国家税务局、北京市地方税务局发布《关于促进北京市广告业发展的意见》（京工商发〔2011〕131 号）。此外，北京市还发布《北京市关于支持网络游戏产业发展的实施办法(试行)》（京文创办发〔2009〕5 号）、《北京市关于支持影视动画产业发展实施办法（试行）》（京文创办发〔2009〕4 号）等。

北京市委宣传部、北京市发展和改革委员会正式发布《北京市"十三五"时期文化创意产业发展规划》（京宣发〔2016〕29 号）（以下简称规划）。根据《规划》，到 2020 年，文化创意产业增加值占全市 GDP 比重力争达到 15% 左右。对北京市文化创意产业发展的目标方向、重点任务进行了明确，指出未来几年时间里，北京市将推进重点文化创意产业功能区建设，加强市级文化创意产业示范园区建设，推动京津冀区域协同发展。

2016 年 1 月 9 日，为全面落实《国务院关于积极推进"互联网+"行动的指导意见》（国发〔2015〕40 号），北京市出台了《北京市人民政府关于积极推进"互联网+"行动的实施意见》（京政发〔2016〕4 号），强调互联网与文化深度融合，鼓励发展数字内容产业，加快图书馆、博物馆、展览馆、影院等的数字化建设。《北京市文化创意产业发展专项资金项目补助实施细则（试行）》（京文资发〔2016〕2 号）《北京市文化创意产业发展专项资金文化创意产业上市、挂牌和并购奖励实施细则（试行）》（京文资发〔2016〕8 号）和根据《国务院关于大力推进大众创业万众创新若干政策措施的意见》（国发〔2015〕32 号）、《北京市文化创意产业发展专项资金企业项目征集评审管理办法（试行）》（京文资发〔2016〕1 号），结合北京市文化创意产业孵化器发展的实际情况，北京市国有文化资产监督管理办公室 2016 年 1 月 29 日发布《北京市文化创意产业发展专项资金文化创意产业孵化器奖励实施细则（试行）》（京文资发〔2016〕7 号）相继出台，划拨专项资金对文化创意产业上市、挂牌、并购和文化创意产业孵化器的培育进行奖励，推动文化创意产业的更好更优发展。2016 年 6 月，北京市率先发出《北京市"十三五"时期加强全国文化中心建设规划》（京政发〔2016〕20 号）的通知，指出构建互联网时代下的现代传播体系、加强中华优秀文化传承与发展、激发文化创意产业创新创造活力等目标任务。

在广播影视领域，北京市、天津市及河北省新闻出版、广电部门 2014 年 9 月 1 日在第十二届北京国际图书节开幕式上，共同签署了京津冀新闻出版广播影视协同创新战略框架协议，三地新闻出版广播影视业建立协同创新合作机制，通过政策扶持、产业规划和重大项目对接等方式，共同推进行业资源整合、产业转型升级，提升京津冀新闻出版广播影视业的发展质量和市场竞争力。

在演艺娱乐领域，2014 年 3 月北京市出台了《北京市文化局舞台艺术展演补贴办法（试行）》（京文财发〔2014〕7号），引导艺术创作，规范和加强展演类专项补贴资金的管理。

在非遗保护与开发领域，北京市出台了《关于推动北京市文化文物单位文化创意产品开发试点工作的实施意见》，进一步指出要深入发掘激活北京市文化文物单位的馆藏文化资源，加强文物保护利用和文化遗产保护传承，促进文化创意产业发展。

为贯彻落实《国务院办公厅转发文化部等部门关于推动文化文物单位文化创意产品开发若干意见的通知》（国办发〔2016〕36号）的有关要求，2018年6月5日北京市文化局等八部门联合出台《关于推动北京市文化文物单位文化创意产品开发试点工作的实施意见》。借助北京市创意研发机构集中、创意设计人才集聚的优势，加强与社会机构合作。加强对文化文物资源的数据梳理和分类整理，明确可供开发资源。要积极对接文化创意设计机构、高等院校和职业学校、青年设计师联盟等文化创意设计机构和组织，培育具有国际国内影响力的文化创意产品，开发领军单位和产品品牌，研发具有古都文化、红色文化、京味文化的文化创意旅游产品。完善文化创意产品营销体系，在保证公益服务的前提下，可将自有空间用于文化创意产品的展示和销售，并在国内外旅游景点、大型文化设施、重点商圈、交通枢纽等场所开设专卖店或代售点。积极创新"互联网+文化"的营销推广方式，拓展与互联网电商平台的合作，综合运用线上、线下多层次商务平台和营销渠道。

（四）区域性政策

由于资源配置不均衡和各行各业的功能定位不尽相同，北京市远郊区县和城区、远郊区县内部及城区内部各产业的发展水平都不相同，所以各区县有必要在全市统一的前提下，因地制宜地设计本地政策。

2005年《北京市城市总体规划》发布，这份文件对北京市的产业布局进行了空间引导，其中也涉及一些文化创意产业，其中包括了中心城区的现代服务业以及一系列文化传媒产业、除中心城区外，石景山原首钢区域的文化娱乐综合服务与以及延庆八达岭、怀柔—密云的国际交往、休闲娱乐和生态旅游区也在文件的列举之中。在此基础上亦庄的高新技术产业区与海淀—昌平的科技教育区这两者也与文化创意产业有一定程度的关系。而从目前北京市的情况来看，文化创意产业集聚区保持着较为平均的分布。虽然各区县均有文化创意产业的分布，但主要还是集中于城市功能拓展区之中，这很大程度上也与中关村科技园等北京市重要的政策性空间的分布有一定的重合，文化创意产业尤其高度集中在海淀、朝阳两区。

延庆县出台文化创意产业发展专项资金及体育产业发展引导资金管理办法；密云县的文化创意产业"十二五"规划；平谷区的加快中国乐谷建设促进文化创意产业发展的若干扶持政策、"十二五"期间文化创意产业发展规划、国民经济和社会发展第十二个五年规划纲要；怀柔区的促进影视文化创意产业发展专项资金实施细则、"十二五"时期文化创意产业发展规划；房山区的"十二五"文化创意产业发展规划；门头沟区的"十二五"时期文化事业及文化创意产业发展规划纲要。

北京市数个"五年计划"的贯彻落实的同时，这些政策也在同期发布推行，在政策类型方面，各区结合各自的情况有一定的侧重点。就海淀区来说，其政策涉猎广泛，产业集聚与金融财税政策等均有一定的内容。虽然在政策类型方面各有不同，但各区基本上也都制定了指导文化创意产业发展的试行办法，尽管发布的这些政策类型相对分散。总体来说，北京其余城区无论是在数量还是内容上相对于六城区都有一定的欠缺，这主要是因为是各区文化创意产业发展中存在一定程度上的区域性，这种区域性既能从各城区自身经济发展水平上得到体现，也能从各城区政府对产业重视度上看出。

第三节　建设健全文化创意产业孵化体系

一、组织实施产业促进行动

围绕如何发展北京文化创意产业，北京市着力实施九项促进行动，并提出了工作指向、主要任务和具体措施。在产业空间拓展方面，结合非首都功能疏解，北京市提出加快文化创意产业功能区建设，加强老旧厂房保护利用，以及京津冀协同发展等有关内容。在重点企业扶持方面，针对近年来龙头企业缺失等情况，北京市提出企业梯度培育，实施"旗舰计划""涌泉工程"和"滴灌行动"，着力打造优质的龙头发展企业。在引导重大项目方面，提出了从资源、资产、资本三种不同维度出发，建立起能够体现文化创意产业特点的项目投资引导框架。在文化贸易促进这一问题上，支持北京文创企业通过各种渠道方式"出海"远行，以吸引海外的优质文创企业总部或是一些国际大型交易博览、品牌发布、贸易洽谈等活动在首都落户、举办。在文化金融创新方面，依托国家"文化产业创新实验区"和"文化金融合作示范区"的先发展试验政策，推动建立文化创意银行、文化创意板等重点工作，完善"投贷奖"联动机制等主要措施。在文创品牌集成方面，着力打造内涵丰富的文创品牌体系，加快北京文化品牌塑造，提高品牌影响力。在服务平台共享方面，加强文化经济政策服务平台、功能区专业化服务平台、知识产权综合服务平台等平台建设。在文创人才兴业方面，完善文创人才的储备、评价机制，加大优秀杰出人才引进使用力度，提升居住证办理、购房支持、医疗教育等方面的服务保障水平。在工作机制、政策体系、资金保障等方面建立更完善稳定的结构，这也可以作为文化创意产业的创新发展的全方位支撑。

二、建设文化创意产业孵化政策体系

文化创意产业孵化器应建立文化创意产业孵化体系，其中包括标准体系、投融资体系、政策体系、资金体系、网络服务体系等等；可建立孵化器建设的各项标准，建立政府、大学院校、社会机构、协会等多层次的孵化器建设体系；同时，建立信息发布平台和孵化器以及在孵企业数据库和管理系统，并定期对孵化器运行状况进行测评和诊断，进而提供相关问题的解决方案。

政府给予有效的产业引导，构建金融对文化创意产业的支持体系，形成一条完善的文化创意产业链条。文化创意产业多是由众多的小微企业组成，其信贷额度需相应地调整、配合，促进不同企业的发展。政府应引导金融机构满足客户的借贷需求，为一些在文化创意产业中有前途的企业提供金融服务①。

（一）顶层设计

《关于推进文化创意产业创新发展的意见》为文化创意产业的发展明确了方向目标，并提出了任务措施，也为首都文创构建"高精尖"的产业结构提供了一份可靠的发展"指南"。政府给予有效的产业引导，构建金融对文化创意产业的支持体系，形成一条完善的文化创意产业链条。文化创意产业多是由众多的小微企业组成，其信贷额度需相应地调整、配合，促进不同企业的发展。政府应引导金融机构满足客户的借贷需求，为一些在文化创意产业中有前途的企业提供金融服务。

只靠政府是不可能打造出一个系统的孵化器产业链，但可以扮演助推器的角色。政府在产、学、研和孵化器企业间通力合作，甄选出领导者，然后支持他们，确保孵化器企业能够接触到国内外新的点子和人。

由于文化创意孵化器企业自下而上成长起来，而政府从上往下发挥作用，所以在文化创意孵化器企业产业链系统的建立上，政府可以起到推行真正关键的举措。在帮助文化创意孵化器企业和孵化器企业产业链与其他国内、外文化创意孵化器企业建立联系上，依然可以发挥一定的作用。文化创意孵化器企业产业链之间越紧密相连，更开放，就会发展得越快。

（二）制度设计

从目前的情况来看，除仍需继续密集出台各种政策，进行深入调研和广泛研究，推进建设以政策支持为主要导向、版权交易为关键核心的制度体系，并在创新文化金融服务的过程中不断规范和完善，建立包括版权、资源、人才在内的公共服务体系以及相关服务市场这些问题也是至关重要的。而在打造文化金融服务创新软环境的同时，也必须着力推进这一体系的组织架构建设，这包括一系列涉及了文化金融产业相关的单位，如政府、企业、协会、金融机构等组织，以及一系列新兴单位诸如文化产权交易所、文化保税区等，这类完善的制度体系可以为文化金融服务创新提供一定程度上的平台保障。

---

① 范周. 金融改革为文化产业发展带来的新机遇，2018 中国文化金融论坛［EB/OL］. http：// mp. weixin. qq. com/s？src = 11&timestamp = 1576638460&ver = 2041&signature = RCp5ITpMySbeQ - Nu42cl3 xmV2cH4 ＊ qLT0Qib8p0qWMNcTlwtA9xEzGJyltveJp03uzRL5pvNMpog03 wQG9 - hDoB6OJ5ttMpc3dpbev5UIR Eou57fZi1pXGdVL9xOeX ＊ s&new = 1，2018-12-11.

政府在文化创意产业孵化器创建的过程中扮演重要的角色，运作一系列项目助力创新。从概念、实验、投资，到扶持孵化器企业的成长，政府创新经济部门参与每个环节，为创新建立基础，却不过多干预，并在风险过高时重点发力支持。

尤其是对文化创意产业孵化器的税收和管制应该尽可能少，政府也在风险承受方面提供了一些措施，除了帮助企业进行早期的融资，还给初创企业提供贷款，如果企业成功了，就连本带利还回来；如果失败了，就不需要还钱。

（三）有效监管

政府需要对文化创意产业市场进行有效的监管，成为中国文化走向世界的坚实后盾①。在监管层面上，给商业银行支持文化创意产业扩展更大的空间。按照风险提示项目的具体要求对其进行分析，有效增强各企业对抗金融风险的能力，必然会提升企业金融借贷的能力。不仅要避免出现非法金融活动，而且需要保证金融体系的完善性②。协助金融机构进一步提升文化金融服务的能力，规避文化金融的创新风险③。

政府采取张弛有度的监管力度。对文化产业投资基金的监管应当依据各个运作环节的特点，采取恰当的监管力度，兼顾市场调节作用的发挥及投资者、基金公司、文化产业利益的统筹保护。在基金的准入上，应当放松监管，采取申报备案制。申报备案制也可以详细了解基金信息，做好风险防范准备及监管。申报备案制可以给予产业投资基金更大的成长空间，激发更大的投资于创意创新型文化产业的投资活力。

（四）创新驱动

研究企业孵化器的商业模式创新战略，必须深入研究创新经营和商业模式创新的新思路，从产品研发到资本运作，从运营管理到营销传播，从企业自身资源到战略联盟，从单一模式到整合模式，从局部策略到全局战略等方面，从而能够推动商业模式向智能化、创新化、服务化、精细化这

① 吕东升. 全球化背景下的文化自觉——关于文化建设几个重大问题的思考 ［J］. 政策，2012（6）：12-24.

② 赵倩，杨秀云，雷原. 关于文化金融体系建设几个问题的思考 ［J］. 经济问题探索，2014（10）：168-174.

③ 李颖，肖艳曼. 中国文化创意产业金融论 ［M］. 北京：经济管理出版社，2013.

些方向转型发展，并进一步催生出新的服务业态或新型的产业体系。

而目前文化企业大量存在的轻资产、规模小、高风险、质押难的这一系列问题，改进信贷产品类型和模式，正视文化金融中出现的新问题，引领文化金融发展的新方向，持续加大创新投入。文化金融的核心资产抵押通道需要进一步完善和改进，文化市场经营仍然需要不断规范其制度性设计。把创新力就是生存力，不断创新、追求卓越，作为每个企业发展的座右铭，把创新作为首都发展之本。

（五）优化创新创业环境

创新创业特别是在初创时期，十分脆弱，需要精心呵护。对新业态要更敏锐、更宽容。宽松、包容是创新创业的关键土壤，对初创企业不能苛求。滴滴打车、支付宝、微信红包等新业态都原创在南方，就是最好的证明。相比南方，北京市还有许多可借鉴和学习之处。要积极引入专业化机构运营，开展创业指导和产业、资本与资源对接等一系列配套服务，从而可以打造全要素孵化器旗下的企业创新创业生态圈。

（六）创新平台建设

《意见》中还包括了要推进文化金融服务创新平台建设，并以制度与价值导向为依托。作为新生事物，文化金融服务与其他的行业，部门相比，文化金融服务其在建设制度和监管方面相比之下更为复杂。现阶段，核心为版权交易、根本是资源和人才的创新文化金融服务，目前还需要建立在科学合理的制度安排基础上，只有这样才能保证交易能够顺利完成、资源能够充分流通以及人才的活力可以在这创新平台上活跃。为了实现这种目标，这种制度安排就必须解决以下问题：如何有效地促进文化与金融的融合，在此基础上文化金融能否健康成长；如何科学地设计文化产权交易、版权交易与在这些交易中风险的分摊与防范；如何建立其完善有效的文化金融服务项目监管等制度；如何实现政府对文化金融服务动态高效的管理；等等。

三、营商环境持续优化

（一）加大对文化创意孵化器的扶持力度

建议比照《北京市加快科技企业孵化器发展的若干规定》，认定一批市级文化创意产业孵化器，并委托相关机构负责具体认定及日常管理。同时，建立市级文创孵化器考评体系，对在孵企业成长情况进行全面考察。政府应设立文化创意产业孵化器专项资金，对表现优秀的文创企业孵化器给予适当形式的奖励和补贴，针对文化创意产业孵化器成长的不同阶段制定相应扶持鼓励政策予以支持。对于新设立的文化创意产业孵化器，政府支持应侧重于创业辅导和融资政策；对于进入成长期的文化创意产业孵化器则应侧重技术、重组与人才政策。政府应鼓励孵化器管理单位建设多样化的服务平台，提供资质办理、代缴税金、法务咨询、财务咨询、融资机制、市场推广、项目评审和推介等服务。同时，孵化器可特别根据创业企业不同阶段各自的特点和需求，提供具有针对性的服务。

（二）鼓励孵化器良性发展

拓宽孵化器资金来源渠道，鼓励孵化器通过自身资金积累、吸收风险投资及民间资金等方式筹措资金且形成内部供给；搭建企业孵化器内企业间的沟通平台，定期举办在孵企业研讨交流会议，共同参加重要行业论坛，这既能为内部企业间的合作提供帮助，也能同时进行市场推广及行业交流；在入驻企业的审核上，孵化器应有意识地选择产业链不同环节的企业，从而能在孵化器内部形成供求关系，减少交易成本。

目前孵化器主要包括综合孵化器和专业孵化器两类。经研究结果显示，社会资本参与在孵企业的投资和运营形式会因其组织形式不同而存在显著差异。因此根据实际情况的不同，要不断提高孵化器的创新产出效率，鼓励和推动孵化器在政策层面上进行组织创新和机制创新。探索国有资本孵化器"持股孵化"试点工作，采用持股孵化等市场化运营手段，平衡管理方、投资者和孵化企业的产权关系。推动孵化器、加速器提供专业性、个性化、商业化等增值服务。

（三）优化布局、拓展空间，建立产业集聚发展新优势

提速产业功能区建设。北京文化创意产业自 2006 年提出以来，到 2019 年年均增速是 15% 点多，应该说增长速度非常快，目前从文化创意产业占全市 GDP 的比重占到 14%，这是我们用的大口径的文化创意产业的比例。如果用中宣部确定小口径叫文化及相关产业，北京市为 8.5% 左右。北京的市级文化创意产业园示范园区，第一批是 30 个北京文化创意

产业园区，其中有 4 个是 2015 年设立的，包括中国北京出版创意产业园、清华科技园、星光影视园、莱锦文化创意产业园。结合《北京城市总体规划（2016—2035 年）》，加强统筹规划、明确产业重心、完善专业化服务，建设文化创意产业功能区，突出文化创意产业的重点区域、特色区域，逐步形成集聚优势，促进其错位发展。

（四）目标牵引、重点带动，发挥重点企业重大项目引领作用

构建企业梯度培育机制，着力打造龙头型、旗舰型文化创意产业，"以点带面"推动企业发展。壮大国有文化企业，推动国有文化资本运营、企业改革、资产监管，全面推进市属国有文化企业改革，确立企业文化特色，探索开展特殊管理股试点。推动新闻出版、广播影视等领域战略性资源重组，打造一批具有国际影响力、核心竞争力的龙头企业。同时，高增长企业、成长型企业相互促进，共同发展，提升文化创意产业整体活力和竞争力，对不同类型、规模、领域的文化创意产业进行个性化指导，制订相关扶持计划，精准扶持。

重大项目带动提升产业能级。建立体现文化创意产业特点的资源类、资产类、资本类"三资"项目投资引导体系。大力支持资本类项目，支持企业并购重组、挂牌上市，重点在网络视听、数字游戏、影视投资、移动阅读、国际传媒等领域，实施市场规模化提升、国际化拓展项目，实现国内国际领先发展。

鼓励文化创意产业申报国家文化出口重点企业（项目），支持企业与国际品牌企业相互合作，共同促进。

（五）构建文化创意产业信用评价体系

推动信用信息整合共享。基于全国信用信息共享平台，国家发展改革委建立全国中小企业融资综合信用服务平台，和金融机构共享与融资授信密切相关的中小企业信用信息，创新开发"信易贷"。

一是充分发挥征信中心、征信机构作用，对文化创意产业孵化器的公共信用信息进行有效采集、共享及运用。二是引导民营企业和孵化器企业合法经营、审慎经营，加强财务管理，合理利用经营资源。三是推动孵化器企业创业创新基地发展。整合服务资源，搭建服务平台，为孵化器企业提供有效服务支撑。

（六）财税政策支持力度持续加大

税务总局于 2017 年 4 月发布了《"大众创业、万众创新"税收优惠政策指引》（以下简称《指引》），受到广大纳税人普遍欢迎。党中央、国务院为推动创新创业，发布一系列税收优惠政策。税务总局在认真抓好落实的同时，及时跟进梳理，2019 年 6 月 19 日，国家税务总局发布新版《"大众创业、万众创新"税收优惠政策指引》①。新版《指引》归集了截至 2019 年 6 月我国针对创新创业主要环节和关键领域陆续推出的 89 项税收优惠政策措施，包含企业发展的整个周期。其中，2013 年以来出台的税收优惠有 78 项。

《指引》延续了 2017 年的体例，结构上分为引言、优惠事项汇编和政策文件汇编目录。每个优惠事项分为享受主体、优惠内容、享受条件和政策依据。优惠事项汇编继续按照三个阶段对企业初创期、成长期、成熟期税收优惠政策进行分类整理，在内容上展示了支持创业创新的税收优惠政策最新成果。

在促进创业就业方面，小型微利企业所得税减半征税范围已由年应纳税所得额 30 万元以下逐步扩大到 300 万元以下，增值税起征点已从月销售额 3 万元提高到 10 万元，高校毕业生、退役军人等重点群体创业就业政策已"提标扩围"，并将建档立卡贫困人口纳入了政策范围。

2016 年以来，国家多次扩大小型微利企业所得税减半征收范围，2019 年，国家将小微企业普惠性税收减免政策作为实施更大规模减税降费的"先手棋"，进一步扩大小微企业的减税红利。减税力度的逐年加大，持续激发了市场主体的创业创新热情。

---

① "大众创业、万众创新"税收优惠政策指引 [EB/OL]. 国家税务总局，http：//www. chi-natax. gov. cn/n810341/n810755/c4428218/content. html，2019-06-19.

| 第六章 |

北京金融支持文化创意企业孵化器的思考

2018 年 8 月 21 日，北京正式发布《关于推进文化创意产业创新发展的意见》（以下简称《意见》）。《意见》的出台，预示着北京市文化创意产业发展的转型升级、更新换代。针对企业孵化器"经营难、融资难"的问题，北京市不断创新政策措施，不断深化孵化器企业金融服务和支持，完善产业政策体系，搭建系列服务平台，探索金融服务实体经济发展的新方向。

第一节　打造北京文化金融创新发展的"升级版"

依托国家文化产业创新实验区和文化金融合作示范区，先行探索文化金融融合发展模式，促进金融产品、服务模式创新，打造国家文化金融创新发展高地。健全完善文化创意产业投融资服务体系，鼓励文化创意产业合理利用债券、票据等资本市场工具，扩大直接融资规模。开通文化创意产业上市"绿色通道"，建立拟上市、新三板挂牌企业储备库，培育资本市场的"北京文化创意"板块。探索建设北京市文化创意产业股权转让平台，促进文化版权和文化创意产业股权的交易或流转。鼓励金融机构设立支持文化创意产业发展的专业性机构或业务部门，积极建设文化创意银行。实施"投贷奖"联动，发挥财政资金放大效应，撬动社会资本服务文化创意产业。鼓励保险机构加强文化创意产业保险产品创新，积极开展知识产权、影视、演艺、体育、会展、旅游等方面的保险保障服务。完善文化金融中介服务市场体系和企业信用评价体系。

一、发展背景

2018 年，北京市围绕集中做好首都文化这篇大文章积极开展各领域的文化建设。2018 年，北京市在全球城市指数排名中仍居第九位，在全球城市综合实力排名中居 22 位，在"文化交流"全球城市指数排名中仍然保持 2017 年的第七位。相关数据表明，在中国城市整体格局中，北京市的城市综合竞争力排在香港、深圳、上海之后，位居第四，而城市创意指数、创新创业指数、城市影响力指数均处于全国第一，这说明北京整体的城市竞争力处于全国前列。相关指数分析同样显示，在中国内地一线城市中，北京市的城市文化竞争力、文化影响力、形象传播影响力、文化创意和新文化创新活力度均位居第一，这充分说明，北京市作为全国文化中心具有强大的实力和竞争力。北京市的文化建设发展水平处于全国领先地位，发挥着引领示范作用，但作为中国的文化中心和国际交往中心，与世界重要城市仍有一定差距，提高北京文化的世界竞争力和国际影响力仍然是未来北京市文化建设发展的重要任务。

二、促进文化创意企业孵化器的建设

（一）文化创意企业孵化器是时代发展和技术创新的需要

随着科学技术的不断发展，传统文化消费方式已难以满足当今的消费需求，因此为升级文化消费新市场，文化创意企业孵化器的创新发展应运而生。文化消费需要满足网络、科技的需要，呈现出信息化、数字化的发展趋势。新技术的革新加强了文化消费产品的传播力与表现力，从而扩大了消费市场，对民众的思想文化和价值观念产生巨大的影响。新技术能够极大地提升文化消费产品与内容的创新力、表现力、传播力和吸引力，扩大文化消费市场。特别是以电子技术、网络技术、信息技术和数字技术为核心的文化传播方式，整个民族的思想文化和价值观念传播影响极大①。

(二) 文化创意产业是文化产业跨越融合的新业态

近年来文化产业呈现集聚化、数字化、融合化、特色化的快速发展，互联网、人工智能等科技发展催生文化产业的新业态，"文化+金融""文化+制造业"等一系列跨越融合推动传统产业转型升级。以孵化企业为目的的孵化器，正在走一条自我孵化的道路。

科技孵化器的成功经验已经为文化创意产业孵化器的发展提供了借鉴和道路指引，政府更应加大对文化创意产业孵化器的支持力度，指导其稳步快速发展，使文化创意产业孵化器为首都文化创意产业发展乃至整个经济发展做出应有的贡献。

(三) 文化创意产业是国家社会和经济发展的杠杆

就当代世界而言，发展创意产业对经济发展具有对产业结构的优化具有越来越重要的引领作用和对经济的迅速发展具有重要裂变效应。无论在理论还是实操层面，创意产业与传统的三大产业相比有着显著的优势：文化创意产业自然资源需求少、耗能低，污染小，发展空间广、难度低。推进文化创意产业的发展，统筹其与实体经济发展是推动国民经济增长、提升国家文化软实力的重要措施。

实现"众创—孵化—加速"机制衔接，用创新经济去促进文化创意产业孵化器的发展，通过创业孵化培育新兴产业、促进区域转型升级、服务科技型创业企业成长，为实施创新驱动发展战略、促进高质量发展及转变经济增长方式的最佳切入点。发展创意产业，意味着经济发展从此拥有了一个更加巨大的新空间即文化产业空间。通过文化产品的生产、传播、消费来增加出口、提高税收，创造巨大的物质财富。

(四) 文化创意产业是建设创新型国家的迫切需要

发展创意产业是建设创新型国家的必经之路。创意产业的关键在于创新，这就与建设创新型国家的总体目标契合。在实际工作中，大力发展创意产业，大量培养创新人才；提高自身的高新科技水平，广泛拥有自主的核心技术和知识产权；推出创新型产品，形成自己的品牌效应。

---

① 21 世纪经济报道. 国务院研究促进"众创空间"措施为创客搭建新平台 [EB/OL]. http://www.gov.cn/zhengG/2015-01/29/content_ 2811635. htm, 2015-01-29.

　　创意产业是未来经济发展轴心，当它主体地位形成后，会通过文化经济化、经济文化化及创意的引申、嫁接等潜移默化地影响和反哺第一产业、第二产业和其他的第三产业。这将使人类经济生活出现历史性的转变。创意产业本身是一种朝阳产业，具有强大的吸纳就业的能力。

　　（五）金融支持文化创意产业的融合发展

　　金融与文化创意产业的发展是互为表里的关系，因此，对文化创意企业孵化器的金融支持尤为重要，支持文化产业已经成为金融机构必然选择，文化与金融的融合大有可为，存在很大的发展空间，但是其发展还是与需求相比发展规模较小、速度较慢，金融支持文化创意产业融合发展是一项长期性、综合性、系统性的工程。

　　（六）打造世界知名创业孵化器

　　中国的创业孵化器已经形成了一个非常庞大完善的网络，仅在火炬备案的就有近两千家。许多大型孵化器企业也开始做众创空间。目前国内知名的创业孵化器有：创新工场、微软云加速器、联想之星、3W孵化器、创业场、优客工场等。站在创业团队的角度，创业孵化器的好坏没有统一的评价标准，互补性才是关键。团队需要的服务不同，孵化器也拥有各自的资源。所以不要选择所谓最好的创业孵化器，选择最适合的创业孵化器至关重要。

三、政府营造良好的创业孵化氛围，探索新型孵化器

　　（一）鼓励社会资本建设孵化器，探索新型孵化模式

　　政府应鼓励和支持高校、科研院所、创投机构以及大型企业等社会力量采取公办民营的方式与清华启迪、36氪、车库咖啡、创新工场等专业孵化器运营机构合作共建创业基地或新型孵化器，同时支持大型企业内部搭建专业化孵化器。此外，传统的孵化模式已不再适应快速迭代的新经济时代，推动孵化器转型迫在眉睫。政府应引导并支持孵化器探索"创业导师+持股孵化""平台建设+产业联盟""天使投资+创新产品培育"等新型孵化模式，以形成模式多元、特色鲜明的科技创新孵化体系。

　　（二）加强建设孵化和创投相结合的新型孵化器

　　我国已迎来新一轮创业浪潮，孵化器作为培育和发展科技型中小企

业的主要载体和新兴产业的主要源头，在创新生态体系中扮演着越来越重要的角色，尤其是将孵化和创投相结合的新型孵化器，已成为整合创新资源、推动创新发展的重要力量。

创业孵化环境包括以创业苗圃、孵化器、加速器等孵化载体和专家公寓等配套设施为主的硬环境，以及研发功能、商务功能、行政功能、各类技术服务平台等软环境。赛迪设计认为，作为创业孵化的引导者，政府应充分发挥"有形之手"作用，通过政策支持、服务覆盖，集聚创新资源，强化孵化培育，从而为科技型小微企业营造适合成长的孵化环境。从创新创业生态体系的构成要素出发，围绕载体建设、资金保障、技术支撑、服务支撑、政策保障、氛围营造几方面形成了一套基于政府打造创业孵化环境的理论体系。

（三）搭建技术共享平台，为创业孵化提供技术支撑

科技型小微企业在获取科研资源方面常面临困难，政府可牵头组织高校、科研院所及龙头企业，搭建公共技术资源开放共享平台，通过机制创新、模式创新等促进科技资源的开放共享，使孵化器在孵企业以较低成本使用平台上的各种技术资源，有效破除小微企业面临的难题。

（四）为创业孵化提供专业服务支撑

政府应健全科技服务体系，打通技术供需对接渠道，为创业孵化提供专业服务支撑。政府应积极引导市场化技术转移服务机构入驻孵化器，并支持技术转移服务机构整合零散的技术供求信息建立技术供需数据库，利用大数据技术对数据进行筛选、评估和归纳。同时，要创新技术交易模式，建立线上技术市场，并举办线下技术交易大会、新技术产品化展览会等，打通在孵企业与技术供需方的对接渠道。

此外，政府要引导并动员社会力量设立知识产权、研发设计、科技咨询、检验检测、法律财务等方面的中介服务机构，支持中介服务机构入驻孵化器，为在孵企业提供高效便捷的"一站式"服务。同时，面向在孵企业开展服务需求调研并发布调研结果，举办服务对接会，以实现服务供需双方的精准对接。

（五）营造良好的创业孵化氛围

举办创新创业系列活动，发挥高校创新创业的源头作用，营造良好的创业孵化环境，打造崇尚创业、支持创业的社会氛围。政府应发挥穿

针引线的作用，不断为创业注入活水与养料，培植有利于创业孵化的沃土。

一是政府可组织各种跨地区、跨领域的创新创业大赛，或牵头收集目标产业领域专家、投资人、企业家的信息，建立创业导师专家库，定期邀请创业导师进驻孵化器开展创业辅导，通过一系列活动搭建起创业者与投资人、创业者与政府、创业者之间的对接平台，营造出包容失败、鼓励创新、吸引青年创业的浓厚氛围，并逐渐打造具有区域影响力的创业品牌。

二是借鉴硅谷、中关村等创新创业高地的发展经验，深化高校的创新源头作用，依托高校的学术资源，借助高校输出的人才与技术，多措并举助力创业孵化，营造自由、开放的创新创业氛围。

第二节　完善文化创意企业孵化器的
间接、直接融资

据科技部统计，截至 2018 年末全国高新技术企业达到 18.1 万家，其中科技型中小企业突破 13 万家，占比超过 70%。加强科技创新型小微企业的金融服务，是金融支持创新的关键。企业的融资需要是可持续的，需要有融资渠道覆盖从扶持一个初创企业，到给一个企业一定数量的资金额供它"走出去"扩张、建立工厂、开拓市场的任何需求。

一、加强文化创意企业孵化器的信贷支持

（一）降低融资成本，缓解中小企业"融资难"问题

政府应进一步优化文化创意企业孵化器的金融资源配置，对各类企业一视同仁，消除融资隐性壁垒。同时，要加大科技投入，减少无谓损耗，提高信贷投放的效率；鼓励金融机构加大对中小企业的金融支持，完善业务合作模式、考核体系和风险补偿机制，加快建设并完善有效的风险分担分散机制。

　　小微企业的贷款风险和收益不匹配，单纯依赖银行解决该问题存在一定的困难，而建立有效的风险分散分担机制，可以缓解风险和收益的不匹配。通过深化供给侧结构性改革，提高信息透明度、法律执行效率、完善破产制度、降低费率，进而让小微企业"轻装上路"，降低实际交易成本。

　　政府应完善文化创意产业孵化器金融服务差异化监管设计，引导金融机构遵循经济金融规律，按照市场化和商业可持续的原则，定制信贷投放计划，优化信贷结构，重点支持那些符合国家产业政策、技术先进、产品有市场的文化创意产业孵化器；引导各类型金融企业错位发展，发挥各自优势，形成良性竞争的差异化服务格局，着力扩大文化创意产业孵化器金融支持力度，促使它们在遵守市场竞争中性原则的前提下良性竞争。

　　（二）完善金融服务体系和传导机制

　　提升文化创意产业与金融对接的效率，是打造北京文化金融合作发展示范高地的重要环节。一方面，对重大项目进行投资，对重点企业进行资金支持，开展"重点企业扶持行动"和"重大项目引导行动"等产业促进行动；另一方面，加强对中小微文化创意产业和创新性项目的投资，以及对中小微文化创意产业的增信担保，培育更多的"小而美"文化创意产业。只有实现"大而强"和"小而美"文化创意产业共同发展，北京市文化与金融对接的效率才会越来越提升。

　　增强小微金融对文化创意产业孵化器贷款差异化风险定价的能力，落实细化文化创意产业孵化器授信尽职免责制度、不良贷款容忍要求，降低小微金融从业人员利润指标考核权重，增加专项激励费用和利润损失补偿，落实内部资金转移定价优惠，让基层信贷人员"愿贷、能贷、会贷"。加快出台非存款类放贷政策，促进小额贷款公司等非存款类放贷组织规范可持续发展，更好地发挥民间融资在文化创意产业孵化器融资体系中的补充作用[①]。

---

① 中国人民银行，中国银保监会.中国小微企业金融服务报告（2018）[R].2019.

二、鼓励文化创意企业孵化器直接融资，健全多层次资本市场

现代金融正由以货币金融为中心向以资本金融为中心发展，因此，文化创意金融领域需要更多关注股权工具和股权资本市场。从多层次市场来看，我国加快推进多层次股权融资市场建设，基本形成了主板、中小板和创业板/科创板、新三板，区域性股权交易市场、券商柜台交易市场的五层"金字塔"体系。

（一）推动有条件的文化创意企业孵化器利用资本市场融资

文化创意企业孵化器的发展同样遵循企业生命周期的理论。根据上述文化创意产业资本市场融资方式的特征可知，初创期的文化创意产业风险投资是其主要资金的来源，成长期的文化创意产业的融资以 PE、VC、IPO 等股权型融资为主，成熟期的文化创意产业可以选择发行股票和债券等融资方式，而在经济衰退时期，文化创意产业可以采用知识产权证券化的融资方式。

1. 文化创意产业上市融资

种子期和初创期科技型小微企业处于创业阶段，在充分占有信息基础上的科学预测，而不是基于经验的商业直觉，才是提高创新能力和竞争力的关键。管理和"驯服"未来的不确定性已经成为政府和企业的首要任务。与银行传统信贷产品不匹配，但较为符合创业投资对高资本回报率的需求。在政府部门的积极引导和推动下，创业投资对科技创新型小微企业的金融支持持续加大，投资金额从 2001 年累计不到 200 亿元增长至 2018 年末的 6000 多亿元，支持企业家数从不到 500 家增长至近万家。

在政策鼓励和二级市场估值倒逼下，VC/PE/早期投资机构对种子期和初创期等早期阶段的投资力度仍在加大，虽然受资本寒冬市场调整期影响，市场对于风险较大的早期投资趋于谨慎，投资案例数量占比在下滑，但投资金额占比仍在逐年上升，机构更偏好有成长潜力的早期项目以获得更高的投资回报。

提高直接融资比重和资本市场的效率，既是我国资本市场健康发展的关键，也是文化创意产业解决资本需求的主要途径。积极通过资本市

场直接融资，扩大其比重，完善和丰富融资手段，鼓励符合条件的文化企业上市，培育和支持企业孵化器、战略新兴产业企业挂牌中小板、创业板、科创板、新三板，或者区域股权交易市场，同时，完善风险资本的退出机制。

数据显示，北京文化创意产业中，非公企业数量占90%，总收入及行业人员数量占比接近80%。而在首都文化创意产业的上市公司中，民营企业占比超过八成，挂牌企业中民营企业占比超过95%。拟上市公司中，民营企业占比超过七成。由此可见，民营企业已经成为文化产业的主力军，其地位和作用非常突出。

北京市文资办与北京证监局等单位联合制定《上市备忘录》，畅通文化创意产业上市渠道，助力北京文化上市板块做大做强，相信北京市政府制定到2020年实现100家上市文化创意产业的目标可以提前实现。政府应该对上市、挂牌成功、上市再融资的企业分别给予一定数额的资金奖励。

2. 支持文化创意企业孵化器通过债券市场融资

进一步拓展债券市场融资功能，释放更多信贷资源支持文化创意企业孵化器。发展私募债、创新创业债等产品，支持非上市、非挂牌文化创意企业孵化器发行私募可转债，建立和完善基于文化创意企业孵化器主体信用的风险定价和信用评级机制，提高文化创意企业孵化器在债券市场的融资比重。鼓励文化创意企业孵化器利用短期融资债券、中期票据、集合票据等多种债券融资工具，优化融资结构。

（二）建设文化创意产业股权转让平台

1. 大力发展股权融资

政府应发展股权融资，规范发展区域性股权市场，有效发挥科创板、新三板在服务文化创意企业孵化器股权融资方面的作用，构建多元融资、多层细分的股权融资市场；推荐并支持主业突出、核心竞争力强、成长性好的文化创意企业孵化器上市融资，同时对有上市或者股权调整需求的文化创意产业，提供并购贷款，构建上市融资北京文化板块，为北京文化创意产业上市融资提供有效服务。

2019年1月24日，中央印发了《中共中央国务院关于支持河北雄安新区全面深化改革和扩大开放的指导意见》（以下简称《意见》），该

《意见》强调，将在雄安筹建雄安股权交易所，支持股权众筹融资等创新业务先行先试。"优先支持符合条件的雄安新区企业发行上市、并购重组、股权转让、债券发行、资产证券化。支持在雄安新区探索推广知识产权证券化等新型金融产品。鼓励保险公司根据需要创新开发保险产品，推进京津冀地区的保险公司跨区域经营备案管理试点。"

2. 区域性股权市场有效补充

区域性股权市场是主要服务于所在省级行政区域内中小微企业的私募股权市场，是多层次资本市场的重要组成部分。区域性股权市场规范化管理程度不断加深。小微企业可通过区域性股权市场挂牌、展示、托管和融资。

北京结合文化创意产业特点，贯彻"大众创业、万众创新"战略部署，国家文化创意实验区管委会与北京四板市场联手打造了北京四板市场文化创意板（"文化创意板"，2018年前三季度，注册用户4036家，股权融资额度45亿元，债权融资额度30亿元。），引入市场机制，实现政府推进与市场机制"双轮驱动"，推动金融服务进一步走向市场和去行政化，设立文化创意板和文化创意金服两大运营平台，但两大平台中尚处"缺位"的是与风险补偿机制和征信体系的结合。

该两大平台虽撮合金融交易，但与金融机构都是市场化合作关系，如银行的每次放贷都会自发进行企业调研，这在一定程度上帮助政府提前做了风险评估和价值判断。最终，政府取消评审环节，变为专家机构复核，明晰支持标准；取消风险高的项目补助形式，变为社会认可的贷款贴息、发债奖励、融资租赁贴租等事后奖励方式，大幅降低骗取财政资金的可能，奖励的将是那些真正有需求和表现良好的企业，因此能够调动文化企业的积极性。发挥两大平台的竞合关系。文化创意金服和文化创意板作为"一胞双生"的服务主体，应当充分发挥定位上的差异化、互补性。

文化创意板应当致力于完善文化产业多层次资本市场，侧重为股权交易职能，而文化创意金服可以整合金融机构资源和文化产业资本合作关系为核心。为更好地为文化创意产业提供融资服务，文化创意产业资本市场应尽快制定和完善知识产权等无形资产评估、质押、登记、流转管理等办法，建立针对文化创意产业的专业担保和再担保机构，建立全方位、多层次的资本市场体系。

银行、信托公司等，同一家机构的一个业务中经常会涉及股债双权的金融产品，所以没必要在入口起步阶段就进行业务分类，只是在服务上各有侧重，并具备互为交换的合作关系，这样才能更好地发挥共振效应，也更有利于北京文化金融市场形成与发展。

目前国家层面对股权众筹市场的治理还没有收官，今后股权众筹市场有望以互联网线上资本交易市场作为五板市场。

（三）拓宽初创阶段科技创新型孵化器企业融资渠道

目前，拓宽创业投资渠道已成为支持创业阶段科技创新型孵化器发展的重要外源融资渠道。

1. 鼓励发展天使投资

天使投资在服务科技创新型孵化器企业发展方面探索了有效途径。天使投资联盟、天使投资俱乐部等各类天使投资平台组织的兴起，对于培育天使投资人群体起到了积极作用，天使投资人已逐步成为支持科技创新型孵化器企业的重要力量。天使投资创业创新特征更加突出，投资主要集中于高新技术产业。天使投资项目的行业主要集中在互联网、IT和电信等高新技术行业，投资项目区域主要集中在创业氛围浓厚的京津冀地区。产融结合更加有效，天使投资资本与高新技术产业园、大学科技园、民营企业等主要科技创新主体之间的合作不断增强，资本和科技融合更加紧密。支持力度持续增强，2008~2018年，我国每年的天使投资金额从不足1亿元已经增长至120亿元，投资企业数从每年12家左右增长至每年1300多家[1]，实现了对传统金融服务的有益补充，有效丰富了科技创新型孵化器企业的融资渠道。

完善科技金融体系，聚焦创业投资和天使投资，为创业孵化提供资金保障。创业孵化需要金融资本的支持，政府一方面要引导市场化金融机构作为参与主体的积极性，另一方面要建立风险补偿机制，做创业者和金融机构之间的搭桥者和撑伞人，在保障创业者获得资金支持的前提下，健全科技金融风险防控机制，最大化降低商业银行向科技型小微企业提供贷款的风险。

政府也可通过出台一系列扶持政策支持金融机构创新产品和服务，

---

① 数据来源于 Wind，笔者整理所得。

为科技型中小企业融资营造良好的外部环境。除了债权融资，以创业投资和天使投资为主的股权融资也是初创企业的主要资金来源。如出台优惠措施鼓励企业家从事天使投资，天使投资人取得的各类收入，在计算应纳所得税额时，可按认定项目的实际投资额享受税前加计扣除，天使投资人在投资分红、股权转让过程中产生的个人所得税，地方留存部分按照一定比例给予财政返还。同时，要建立风险补助和补偿机制，将多数盈利让渡给社会资本投资者。

2. 大力发展风险投资公司

孵化器为风险投资提供场所的同时，风险投资也为孵化企业提供了其发展所需要的资金，这些资金包括初创资本、创业资本、发展资本等。这些不同形式的资金的投入对于入孵企业的创立、发展都发挥了重要的作用。这样一来孵化器不仅增加了投资功能，而且提高了利用和组织资源的能力，降低参与方存在的信息不对称，同时孵化器还合理地分摊创业者创业成本和创业风险的工具。近年来风险投资公司出现了大发展的势头，创业风险投资公司资金来源渠道呈现出多样化的趋势，证券机构、企业集团、上市公司、民营企业、个人及境外机构成为创业资金的主要来源，民营资本所占比重也越来越大。

3. 增强创业投资基金支持力度

科技集聚与风险资本集聚形成良性互动。中国最具创新力的城市为北京、上海、深圳、广州，集聚了中国众多的高新技术企业，也是中国科技创新型小微企业的主要聚集区，而以科技创新型小微企业为主要投资对象的创业投资基金主要在这些城市集聚。

4. 进一步完善私募股权与创业投资基金

私募股权与创业投资基金是创新资本形成的重要载体，对于支持中小微企业发展有着重大意义：一是为初创期和成长期小微企业提供了融资渠道，倾向于"投早"和"投小"初创阶段的企业。二是通过甄别有潜力的实体企业、实体项目，让资本真正进入优质的实体产业，对技术和生产的创新都具有很好的推动作用。三是私募股权投资基金积极参与上市企业兼并收购与资产重组，为我国高科技上市企业提供融资支持。随着上交所科创板的推出，私募股权与创业投资基金成为连接早期初创阶段高新技术企业和资本市场的重要"桥梁"。

近年来，在各方政策引导以及市场趋势转换的影响下，私募股权投资基金对初创期小微企业的市场的融资行为，主要发生在 A 轮和天使轮，增加初创期科技创新型小微企业资金来源。完善中小微企业资本形成机制及创业投资、天使投资退出机制，既是促进早期小微企业资本形成的有效方式，也是增强资本形成能力，还是实现企业创新发展的核心动力。

私募股权与创业投资基金存在资金来源和投资行为周期短、追求快速回报等问题。而"双创"可转债，则是一种能够在一定期间内依照约定的条件转换成公司股份的公司债券，是债券加股权，有利于增强创新创业公司债的市场吸引力，拓宽中小微企业融资渠道，降低企业融资成本，一旦实现债转股，将为中小微企业注入长期资本支持。

2019 年 6 月 13 日科创板正式开板，股本融资能力不断提升，将更有效地引导社会资本注入科技创新领域。随着科创板的推出，科技创新型小微企业与资本市场之间的互动性进一步增强，私募股权与创业投资退出渠道将更加完善，必将带动更多社会资本投向科技创新型小微企业。虽然我国 VC 和 PE 业取得了迅速发展，但还存在项目选择短视、管理能力滞后、退出机制不健全等问题。从 VC 和 PE 业对我国文化创意产业的投资规模来看，与欧美和日韩相比还有相当的差距。

5. 出台相关扶持政策，支持新型企业孵化器建设和在孵企业成长，为创业孵化提供政策保障

政府可采取税收返还、资金补贴、房租补贴等手段对孵化器企业建设进行政策支持，特别是对于"孵化+创投"、互联网在线创业服务平台等创新型孵化器以及大型企业内部设立的专业孵化器，要着重加大资金支持和场地补贴的力度。鼓励孵化器完善企业准入和退出机制，建立入驻企业基本信息档案管理制度、入驻企业信息报告制度及披露机制，引导孵化器规范化运营。同时，对在孵企业也要给予政策支持，如给予入驻企业房租补贴，给予在孵期间被认定为高新技术企业或成功上市的企业资金奖励，最大限度地释放小微企业的发展潜能，帮助小微企业健康快速成长。

对创新创业人才也要同步给予支持，为入驻孵化器的高层次创业人才提供创业启动资金和办公用房，为大学生创业者提供租房补贴等。此外，向为孵化器提供科技资源服务的技术转移中心、企业研发中心等科技服务机构、获得服务的在孵企业以及孵化器自建或合作共建的公共技术平台提供一定的财政补贴，鼓励构建开放性的公共科技资源共享体系。

（四）文化众筹及债权融资工具创新发展迅速

1. 文化众筹等互联网新兴金融的产品和服务创新

随着文化众筹等互联网新兴金融服务发展迅速。从筹资方式来看，以委托持股、平台持股已成为主要筹资方式。互联网众筹是文化创意产业投资渠道的一个创新模式，即大众筹资，它由发起人、跟投人、平台组成，可将其视为知识产权证券化的衍生模式。众筹已成为一种重要的互联网金融商业模式，其优势为门槛低、多样性、依托群众、注重创意，对文化创意产业孵化器具有吸引力。门槛低是指各种身份、地位、年龄、职业、性别都有发起项目的能力，只需要拥有独特想法和创意；多样性指众筹的方向具有多样性，在国内众筹网站项目类别中包括设计、技术、电影电视、音乐、漫画、出版、游戏、摄影等；依托群众是指支持者一般是普通人民，而不是公司、企业或风险资本家；注重创意是指创意者必须首先将他们的想法展示出来，才能被平台审查，所以创意不仅仅是一个空想概念，而是一个可付诸实践的想法。由此可见，通过众筹不但可以获得资金，而且可以作为社会交流的平台①。

股权众筹融资既可以帮助中小企业获得融资，同时又可以推动民间资金转换成民间资本，从形式上看相当于"小IPO"，但它不会对深沪市场产生影响。

2. 债权融资工具创新发展迅速

各类股权投资基金、产业基金及多层次资本市场构成了文化创意产业的股权类金融市场，并已经成为文化创意金融的重要组成部分，为撬动社会资本进入文化创意产业市场的发展，做出了创新性的实践。但从行业来看，影视、出版、音乐类项目众筹发展相对较快，动漫游戏、文化艺术品项目众筹发展相对较慢。

在我国10多万亿元规模的私募股权基金中，约有8000亿元左右规模的基金与文化产业相关。文化创意金融合作既需要金融机构了解文化产业，也需要文化企业了解金融。对文化企业而言，寻找私募股权投资需要注意基金在投资中的意向、尽职调查、签订协议、投后管理和退出等环节中的一些常规手段和方式。

---

① 北京银行. 北京银行揭牌业内首家文化创客中心［EB/OL］. http：//www. bankofbei-jing. com. cn/contents/334/31005. html，2018-12-03.

债权融资工具创新发展迅速，各类股权投资基金、产业基金及多层次资本市场构成了文化创意产业的股权类金融市场，并已经成为文化创意金融的重要组成部分，为撬动社会资本进入文化创意产业市场的发展，做出了创新性的实践。

第三节　完善文化创意企业孵化器金融中介服务体系及知识产权保护

一、增强北京融资担保机构服务文化创意企业孵化器的能力

（一）创新担保方式和信用结构，拓宽抵质押物范围

以专利权、版权、商标权、发行权、播映权等无形资产质押，结合应收账款质押、股权质押、中小企业联保等组合担保方式进行直接融资。尽管这种方式已经在广播影视行业得到了广泛采用，但是贷款余额较少，仍在发展的起步阶段。

应构建区级担保和市级政府再担保的双重融资再担保模式。两级政府可分别出资成立以小微企业为服务对象的信用担保协会和小微企业信用保险公司，一旦发生代偿，地方信用担保协会承担小部分的损失；信用保险公司承担大部分的损失；或者建立担保银行，区政府和市政府为担保银行承担的风险进行再担保，当担保银行发生代偿损失时，区、市政府分别承担其损失额的大部分。

北京市在国家融资担保基金再担保业务的引导带动下①，设立了担保基金（机构）。北京通过整合和增资设立规模 100 亿元融资担保基金；北京再担保机构将风险分担比例提高至 40%，降低了市区担保机构的风险责任，将政策红利进一步传导至基层；北京降低了再担保业务收费标准，北京等地对部分重点支持的行业免收再担保费，加强风险保障。创业担

---

① 中国人民银行，中国银保监会. 中国小微企业金融服务报告（2018）[R]. 2019.

保贷款产生的风险由政府出资设立的创业担保基金和经办银行共同承担，并按照约定比例进行损失分担，总体来看，担保基金承担绝大部分损失，在一定程度上解决了商业银行的后顾之忧。

当前，市场竞争已从单一客户间的竞争转变为供应链与供应链之间的竞争，同一供应链内各方相互依存，"供应链融资"金融产品应运而生。北京中关村科技融资担保有限公司（以下简称中关村科技担保）根据这一变化，探索打造"供应链+担保"新模式，为核心企业的供应商或分销商等科技型中小微企业提供融资担保支持。中关村科技担保根据科技企业供应链具体风险特征，围绕核心企业，掌握其上下游中小微企业的资金流、物流和信息流，降低信息不对称，通过为供应链上的科技型中小微企业提供融资担保，有效解决企业抵押品不足问题，满足银行等金融机构的合规要求。

（二）引入文化产业风险补偿基金

政府应鼓励重点融资性担保机构为文化企业提供融资担保服务，建立"财政资金主导、社会资本跟随参与"的风险补偿基金，有效发挥财政资金杠杆作用，为文化企业利用知识产权进行质押融资提供风险补偿，引导金融机构服务文化创意产业孵化器。

北京今后应在这几个方面继续努力：一是北京应借鉴江苏设融资担保代偿补偿资金池以及重庆对获得基金分险的项目给予30%的风险补偿的做法，进一步完善银担合作机制。二是借鉴浙江明确银担"二八"分险原则以及免缴保证金等要求和贵州推动金融机构降低对政府性担保机构的准入门槛，加快授信准入。三是上海《上海市创业担保贷款实施办法》（沪财发〔2018〕6号），支持创业担保资金运营管理机构与经办银行合作推出专项创业担保贷款产品，支持上海市科创中心建设，缓解创业者融资难题。四是山东省《转发〈财政部人力资源和社会保障部中国人民银行关于进一步做好创业担保贷款财政贴息工作的通知〉的通知》（鲁财金〔2018〕30号），要求创新电子化审批流转模式，进一步简化审批流程，提高工作效率，提高创业担保贷款的发放效率。五是构建创业担保贷款多方联动协调合作机制，整合更多政府资源，有效发挥多方合力。比如，重庆市在创业担保贷款基础上启动了无抵（质）押物和保证人创业信用贷款试点，将高科技互联网产业、高精尖信息技术产业两大产业纳入了试点领域，为推进科创企业发展助力。

（三）加强规范引导，增强文化创意企业孵化器自身素质和可持续发展能力

完善相关法律法规，加强对企业家的金融知识和风险教育，引导文化创意产业孵化器提高素质，规范经营，增强诚实守信意识，建立完善的法人治理结构，规范会计核算制度，严格区分个人家庭收支与企业生产经营收支，主动做好信息披露。加强自身财务约束，科学安排融资结构，规范关联交易管理，合理控制负债率和杠杆水平，减少盲目投资和过度担保行为，保持企业流动性处于合理水平，增强可持续发展和融资能力。

二、加快中小企业信用体系建设，持续优化社会信用体系

北京市应探索建立文化信贷的差异化信用评价体系，实行利率差别化定价，适当延长贷款期限，满足文化企业的中长期资金需求。

进一步扩大文化创意企业孵化器信用信息获得渠道，不断完善信用信息的反馈与共享机制，以缓解信息不对称、降低风险溢价。一方面，加快推进银企信息服务平台建设，依法开放相关信息资源，推动数据共享，加快搭建并完善涵盖金融、税务、市场监管等方面数据的服务平台，实现跨层级、跨部门、跨地域互联互通，尽快破解信息不对称难题。发展各类信用服务机构，鼓励其进行信用服务产品开发和创新，支持征信机构、信用评级机构利用公共信息为文化创意产业孵化器提供信用产品及服务。另一方面，帮助文化创意产业和资本市场进行有效的信息沟通。鼓励各类资本市场，为不同发展规模和不同所有制的文化创意产业孵化器提供信贷、信托、保险、证券等金融咨询服务，为其提供差异化、个性化的融资服务。

三、设立文化产业投资的专项母基金

母基金直接融合各种资本，作为一种以基金为投资对象的母体而存在，投在专业化的基金中，可构建出更长的投资链条，影响整个投资的

效果。专项文化产业母基金的设立，可以引导社会资本向文化产业流动，并通过防火墙达到进一步隔离风险和扩大杠杆比例的效果。

母基金的投资广泛渗透到文化领域的各个方面，发挥放大资金总和以及聚合杠杆作用。如追逐长期社会效应的资本在内的长期投资者的资本来做有限合伙人（LP），引导基金只做母基金层面的 GP，文化领域的投资具有较高的风险，但是通过母基金的形式，在一定程度上可视为规避风险最有效的方法。

当前文化领域中的资本结构出现的问题是单一资本在股权结构当中占据了绝对的控制和可支配地位，一旦稍微偏移，重大的社会风险、社会文化问题和资本结构就会随之而来。从资本结构方面入手，这个问题才会得到有效解决。且目前文化股权投资的难点在于：第一，已投资本形成的股权结构是否能让真正有能力的文化人在其中穿透资本结构发挥更大的作用；第二，一旦二级市场下跌，一级市场对于文化资本是否能给予最准确的市场价值定位。我们建议，应借力母基金解决这些问题，推动中国文化创意金融事业的发展，以母基金、专业基金、被投企业和不断滚动的被投企业形成一个投资链条的生态体系。

四、加快知识产权证券化的建设

（一）知识产权证券化

"知识产权证券化"是债券融资的一种方式。所谓知识产权证券化，就是企业可以直接将知识产权当作融资对象，通过公募渠道，以发行证券的方式进行资金募集①。

知识产权证券化不同于风险投资和私募风险投资。后者通过干预公司的管理而获得股权的附加值，而前者不参与公司的管理，投资者只能通过购买由有特殊目的的机构发行的、由相关资产收益支持的债券，从资本市场获得固定收益。

《2019 年深入实施国家知识产权战略　加快建设知识产权强国推进计

---

① 2019 年深入实施国家知识产权战略　加快建设知识产权强国推进计划 [EB/OL]. 国家知识产权局网站，http://www.cnipa.gov.cn/ztzl/zscqzldzcywzcx/zcwjz/1142818.htm，2019 - 06 - 19.

划》（以下简称《推进计划》）的出台标志着我国科技强国的规划已到了具体实施阶段。在加大知识产权保护力度方面，《推进计划》提出完善法律法规规章，加强保护长效机制建设，强化知识产权行政保护，加强知识产权司法保护，并提出配合做好专利法修正案（草案）审议，深入推进"互联网+"知识产权保护等具体措施。《推进计划》鼓励海南自由贸易试验区探索知识产权证券化，鼓励雄安新区开展知识产权证券化融资。在该文件中，总共罗列了106项具体措施，各任务分工由多个部门共同协调完成。我们知道，以前国内资本市场主要依赖的是深圳和上海，深圳有中小板和创业板，上海有主板和创新板，这两个市场是企业募集资金的主要途径。

（二）完善知识产权评估体系建设

知识产权质押贷款盘活文化创意产业孵化器的核心资产，构建文化创意产业金融支撑平台。一是完善法律保障体系，从法律层面保障知识产权的物权属性。为业务开展奠定了法律基础和制度保障。二是完善市场机制，为知识产权质押贷款营造良好的外部环境。国家有关部门通过完善相关政策规定，利用市场驱动知识产权质押融资业务，搭建服务平台，为知识产权质押融资创造良好的市场环境。三是探索"银政企"多方联动，合力推动知识产权质押贷款业务增量扩面。推动知识产权部门和金融企业在无形资产的评估、知识产权质押、评估、登记、交易流转、抵（质）押处置、融资担保等方面加强合作，需要政策协同发力，共同打造文化创意金融支持体系。

根据版权、商标、著作权各自的特点分别制定价值评估指南和操作规范，细化评估标准和依据，提高评估的科学性和准确性；在提高知识产权评估机构的执业水平和评估人员的专业化水平上下功夫，加强对评估行业的监管监督，推动市场交易机制的建立，解决无形资产评估难、处置难所带来的有效增信缺乏问题。针对银行的知识产权质押信贷产品出现违约时给予风险补偿等政策倾斜，调动文化创意孵化器企业融资和银行放贷两方面的积极性。

加强知识产权保护法律法规体系建设，着力完善《知识产权保护法》《商标法》《专利法》《著作权法》等法律法规，加大对各类文化创意产品侵权案件的处理力度，降低文化创意产业投融资的风险，提高文化创意产业的收益预期。

建设中关村知识产权国际注册政策和法律服务中心，探索建立与"一带一路"相关国家优质知识产权服务资源对接机制，提升本市知识产权国际服务水平和国际影响力。依托国家知识产权运营公共服务平台，促进本市创新主体与"一带一路"相关国家的技术合作。编写沿线国家知识产权工作指引，加强海外知识产权预警与海外知识产权维权援助。

第四节　鼓励文化创意企业孵化器的购并重组

实力强大的企业可以通过不同的方式进行融资，如上市、兼并、股权置换等。但就处于成长期的中小企业来说，需要依靠政策扶持或风险投资实现自身的成长与壮大。

一、企业向规范化、规模化和产业化发展

文化创意企业孵化器应该建立健全企业的财务会计制度和企业内部结构，应该有较稳定的经营模式、盈利模式来为企业创造收入。只有文化创意企业孵化器增强了自身的财务管理、内部控制和长期营利能力，银行才有可能为企业的优质项目提供贷款，也为企业的长期发展甚至以后上市直接融资做好制度准备。比如小型初创期企业可以通过并入大企业的方式得到更多的支持，进而在产业内部形成一批具有自主知识产权、较强实力的企业集团，让龙头企业带动整个产业的发展，释放文化创意资源的整体经济效应，围绕"创意"这一核心环节完善文化创意产业链条来提升文化创意产业整体竞争力。

二、资本运作—模式复制与增值

这包括投资与并购方法的复制（大公司的独立商业模式：并购）、创意秀的复制、微电影基地的复制、城市文化体验中心的复制：轻资产与重资产分离、好项目必须能够体现可复制模式的价值（成长性）、"好业态+模

式复制"（微信公众号复制）。

可以从两个角度入手：第一个是投资和并购可以成为大公司的方法，商业模式自己不做，只做投资和并购；第二个是轻资产和重资产剥离的形式——轻资产变成运营方，项目复制。复制同类项目，上市、融资、提升估值，从而营利。

把上市作为企业最好的转型发展，把兼并重组作为企业最快的提档升级。灵活的政府产业基金市场化运作方式，在推动本土企业转型升级、上市、并购重组等方面发挥了巨大作用，同时产业基金可成为招商引资的重要途径。

三、鼓励大型文化集团横向、纵向跨区域并购重组

打破区域壁垒，鼓励大型文化集团在横向、纵向维度开展跨区域并购重组，形成规模化经营优势，整合区域内文化资源，提升产业综合竞争力，逐渐形成有序竞争、充分合作的文化市场体系。通过并购，文化创意产业孵化器不仅可以获得发展所需的资金、资产结构得到优化、与高新技术融合的能力得到提高，而且还能够提高文化创意产业孵化器的市场竞争力，促进企业的进一步发展。因此，支持上市文化企业利用资本市场并购重组。

第五节　推动文化创意金融产品创新

一、基于文化产业特性的创新工具

文化创意金融服务于文化产业，需要根据文化产业、文化企业和文化产品的特点而设计。总的来看，当下金融机构基于文化产业特点进行的创新，主要方向在金融工具上的创新、在组织和机构上进行创新、文化企业特别征信、实行利率优惠、风险容忍度、风险补偿机制等方面的创新。

文化企业的无形资产占比较高，因而与无形资产相关的金融产品和

工具创新受到更多关注。如版权质押贷款和商标权质押，还有一些证券化产品，以应收账款、门票收入、电影票未来收益权为基础设计金融产品。

文化产业信托主要是指服务于文化产业本身的信托融资，但现在较有特色的是以版权作为信托财产。虽然将版权作为信托财产较难，但随着版权经济的发展，仍有发展前景，如"IP 经济"，风头过后，可以寻找信托公司，由对方打理、盘活版权。

金融租赁和融资租赁领域，对文化产业的特色化而言，是用版权、商标权做融资租赁，即可以将自己的商标权先出售给担保公司变现，然后该担保公司回租供其使用，即"售后回租"，这样企业既有现金流，商标也仍然可以使用。企业需要每年向该担保公司还款，还完之后重获商标权，但其中最大的难题在于对无形资产的价值评估，在业界仍然没有统一标准。

二、推动文化创意金融产品创新

金融创新产品主要包括文化创意贷、影视贷、知识产权质押贷款、商标权质押贷款、艺术品质押贷款、著作权质押贷款等 10 个种类。

金融机构创新开发面向文化创意产业的产品和服务，可引入无形资产，如知识产权质押、收费权质押、版权质押、应收账款质押等质押贷款业务，以缓解文化企业的融资压力。如北京银行通过设立国内银行业首家创客中心，实现文化创意产业"创业孵化+股权投资+债权融资"等一体化服务。针对初创期企业，提供创业贷、"文化创意信保贷"、"文化创意普惠贷"等专属产品；针对成长期企业，提供版权质押的"软件贷""智权贷"等特色产品；针对成熟期企业，提供包括并购贷款、中小企业集合票据、产业基金、现金管理等在内的一揽子综合化金融服务。

部分内容已在第四章第二节银企合作表率——以北京银行为例中有详细的介绍，在此不再赘述。

三、加强金融科技运用，提升文化创意企业孵化器金融服务效率

金融机构应利用互联网、大数据等技术，提高文化创意企业孵化器

信贷投放效率，降低投放成本。国家及政府研究制定金融领域大数据、云计算应用的标准，统一电子签名、电子凭证在全国范围内的执法标准，帮助文化创意企业孵化器通过互联网及时获得金融服务。国家及政府建立和完善条码支付技术标准和业务规范，为文化创意产业孵化器提供便捷的支付结算服务。借助"区块链"等新兴技术记录不可逆、信息无法篡改、交易公开透明等特点，铺设智慧信息系统，直接连通文化产业各利益相关方，实现资金供需双方所需信息的无缝对接，确保文化创意产业孵化器经营的合规性与资产的真实性，方便金融机构充分、准确、完整地掌握文化创意产业孵化器经营管理信息，解决银企信息不对称所导致的融资贵问题。依法合规改进开户、签约等操作流程，加强网上银行、手机银行等领域的技术开发和应用。

四、积极创新文化创意保险产品

随着保险业的金融创新步伐加快，保险业在构建文化产业投融资体系当中，还会起到更重要的作用。具体体现在三个方面：第一，保险可以为文化产业提供多环境、全流程风险管理服务。一是世界上文化产业发展程度高的国家，保险已经渗透到文化产业多个领域；二是保险对文化产品特别定制保险产品，随着文化产业海外市场发展水平不断提升，很多保险公司为文化产品提供特别定制保险产品，采用特殊的定价方法，具有保密特点；三是我国有文化创意产品保险成功案例。第二，发挥保险功能，改善文化企业外部融资条件。第三，保险资金参与为文化产业提供了直接融资。创意产业保险市场还有很大的发展空间，引入保险机制也可以一定程度上弥补企业融资的信用不足。

关于保险资金与文化产业的合作，建议：第一，投资文化产业发行债券。第二，投资文化企业股权，投资文化产业发展，共享文化产业发展的成果。第三，投资文化产业、合作组建文化创意基金。第四，文化创意产业与保险机构合作推动文化产业发展。第五，保险业与文化产业合作空间巨大，是未来的普遍趋势。第六，拓宽视野，学习借鉴国外保险同行在文化创意产品与服务的有益尝试。第七，结合我国文化创意市场实际，探索中国特色的文化创意保险产品。第八，加大宣传力度，形成政府和政策支持长效机制。

第六节　强化综合性创意人才的培养

大力发展人力资本，是引领北京走向知识经济道路和成为创业之都的重要途径。

一、培育创新创业领军人才和团队

（一）建立人才引进机制

北京市应加快文化产业人才培养基地建设，进一步贯彻落实《北京市文化创意产业人才培养基地认定和管理办法》，加快开展北京市文化产业人才培养基地认定工作，建设文化人才高地[①]。

为文化企业人才提供公租房、廉租房配额，完善人才引进、人才交流与人才培育机制，探索建立文化人才在财税、股权激励、居留与出入境、落户、医疗、配偶安置等方面的"一揽子"政策体系。实施"1+X"人才生态建设系列举措："1"即开放揽才产业聚智若干意见；"X"则包括引进顶尖人才、保障人才安居、优化专家服务等"一揽子"实施办法。同时，应改变过去先"筑巢"后"引凤"的被动模式，改为主动出击集成需求，"招凤"后再"筑巢"。北京市应从政策、服务、配套等方面发力，通过改善引才综合环境，做到"从筑巢引凤到招凤筑巢"召唤中高端人才，为企业注入新活力，为企业发展添后劲。

（二）加强风险资本人才培养

风险资本人才具有财务、能够帮助孵化器做出合理的决策。因此，为了更好地促进孵化器发展，就必须加强风险资本人才的培养。一方面，孵化器自身应该对已有的风险专业性人才进行培养和激励，比如可以针对风险专业性人才开展相关的专业培训。另一方面，政府应该针对风险资本行业，不断地完善相关人才培养机制，通过企业和高校联合办学，

---

① 孙文琛，杨丽青. 北京文化创意产业供给侧改革 [J]. 科技智囊，2018（5）：74-83.

培养更多的资本运作人才。这样既可以解决我国专业性人才不足的状况，又能够使风险资本更好地促进企业发展。

（三）创新人才既要立足国内发展，也要具备国际视野

孵化器企业负责人需要有丰富的国际工作经验，外语能力强，视野开阔。我们必须高度重视培养国际化的人才队伍，在人才招聘、培训和管理上与国际接轨，同时结合本地化特色，优化人力资源配置。另外企业要加强培养自主创新的能力，培育创新的精神。同时，要牢固树立全球化视野，培育提升全球化资源整合能力。

（四）集聚国际科技创新人才

借助"千人计划""海聚工程""高聚工程"等国际人才引进渠道，引进全球顶尖科学家及其创新团队，打造科技创新人才高地。办好中国北京国际科技产业博览会、"北京国际学术交流季"和"中关村论坛"，发挥市科协、首都创新大联盟、中关村"一带一路"产业促进会等桥梁作用。加快朝阳望京、中关村大街、未来科学城和新首钢国际人才社区建设，优化国际优秀人才发展环境。

二、高素质复合型人才是"双创"成功的真正源泉

创新孵化生态系统的源动力和建造者之一。培养学生的方式以及学生本身才是"双创"的根本所在。重视基础研究，因为它是未来一切可能的源头，也是为创新打下坚固的基石。推崇以好奇心为驱动力的研究，以一种更关注长期回报的态度投入研究。

（一）大学应该把最多的资源投放到基础研究

因为基础研究是把一个创意变成创新的重要养料，而大学的本质就是为了创造知识而去创造知识。在不破坏基础研究的前提下，给校园带入企业家精神和创新精神。除了对基础研究的重视，成熟的技术转让机制，以及大学与业界之间良好的互动外，大学还可以设立技术转化公司以帮助研究者申请专利，去尝试商业化；从外部投资者那里募集了一个基金，让他们可以投资大学内的早期项目，并获取部分知识产权，令学术领域的突破可以迅速走向市场；还有导师系统、跨学科合作平台等举措鼓励创新创业。

（二）大力培养懂文化艺术、管理和市场的复合型管理型人才

文化创意产业人才需要兼顾文化艺术和市场管理，因此要为文化产业发展提供充足的人才支持和保障。同时落实人才扶持政策，引进一批高层次专业人才，特别是海外人才，充分利用其专业知识和创新思维，不断激发产业创新活力。落实国家"千人计划"、北京市"海聚工程"的服务政策，加强对国际文化商务、高级精英管理、创意创新及技术研发等高端文化产业人才的引进和培养。充分利用首都文化资源和创新资源的优势，以文化为基础，融入创新发展的元素，结合互联网、新媒体、高科技等手段，促进文化产业转型升级，培育北京文化品牌，提升产品附加值和竞争力。

（三）企业应该加强与院校的合作

这样的一种趋势已经得到了体现和验证：很多高校已经和企业建立了诸如游戏学院这样新型的培训机构，取得了良好的效果。中国最大的问题是，高校和研究所的研发成果不能迅速产业化，而美国的企业、研究机构往往就设在大学。企业家、科学家的工作是把金钱转化成知识，把知识转化成更多的金钱是孵化器企业的事。只有和孵化器企业采用不一样的研究策略，才会产出不一样的研究成果。首先，大学应保持和孵化器企业的良好的互动，大学的研究人员应可以在孵化器企业兼职，为孵化器企业提供咨询；企业也可以进入校园，提供奖学金给学生，实现了学校与孵化器企业的双赢。其次，请从事文化创意的人员到学习、相关机构进行授课、举办讲座，加强企业、学校和机构的整体合作。最后，通过举办培养文化创意的相关赛事等方式，鼓励学生参与创新活动，增强学生的创新意识。

此外，促进职业培训机构的产生和发展。创意产业人才的培养不仅是高校的任务，也是职业培训机构的任务。对愿意从事创意产业的新手来说，高校往往不能够提供在这个行业工作所需要的经验和思维方式，而培训机构往往能够弥补这个缺点。华为就树立了把大量的研究机构设在大学里的样板。

（四）教育方式：让学生们提出问题，动手实践

各高等院校相关专业根据市场需求及时调整培养方案，增加实践教学比重。其一，创意驱动式教育，高等教育体系中设立专门培养文化创意人才的学科和学院，同时促进教育和科研团队的建设。我们的社会需要采纳一种更加由问题驱动的教学方式，而不是由答案驱动的方式。一

个问题只有一个答案，这是远离科学现实的。应培养学生们更有胆识，更习惯于质疑而不是把一切看作理所当然。不应该一味地让学生更顺从权威，纪律很重要，但是纪律不能抹杀了质疑、挑战的可能性。其二，教育方式是动手实践型。像学习游泳必须在游泳池里学习那样，通过黑板上的方程式和书中的练习题来教授科学，就像没有泳池的游泳教学一样。他希望学生们上手操作机器，做实验，看看那些理论是否真的有效，如果没有效果，那么就去思考为什么无效。

实现从注重教授知识到关注能力和性格培养的思维转变，因为适应性、学习能力、运用知识的能力和更新知识的能力在未来的时代越来越重要。教育如今已经超越了知识本身，还包括一些能力和性格的培养，比如战略思维、决策、情商、好奇心、牺牲精神，甚至勇气等。

第七节　孵化器企业"走出去"

从国际经验来看，没有中小企业，就不可能有产业的变革和经济的腾飞。今天的大多数企业巨头都是从小型企业发展而来的。微软、苹果、华为、DJI大疆都曾经是小型公司。新时代为中小企业提供了广阔舞台。我国科技孵化器"走出去"有三个非常重要的点：第一个是自由的市场，第二个是技术的增加的互联互通，第三个是政策的保障。

一、孵化器发展战略国际化

随着经济全球化的发展。中国需要更多的国际合作，自从中国加入WTO之后，中国在整个伙计合作当中，特别是国际贸易中的受益者。所以中国的贸易中的发展，同时也看到了技术进步，但是我不喜欢盲目的乐观，今天看到华为的事件，中兴的事件，我们更应该审慎。国际化是中国要一定秉持走下去的。整个营商环境更加开放和包容的文化和心态，这实际上也是非常重要的。

"一带一路"相关国家介绍我国科技创新战略和优势科技资源、支持高新技术产业发展和创新创业的服务体系建设及相关政策，分享在孵化器及科技园区规划建设管理方面的理论与实践经验，提升"一带一路"相关国家孵化器及科技园区的管理能力。同时，也加强我国对相关国家科技创新体系的建设情况及相关政策和需求的了解，搭建"一带一路"相关国家科技创新合作网络，助力我国高新技术企业和产品"走出去"。全球化布局，深度参与国际竞争合作，推进技术研发、生产制造和供应链体系的全球化战略布局。一方面鼓励企业抱团出海，拓展海外市场；另一方面广泛汇聚全球资源为我所用。

国际人才创新创业港 2018 年 7 月 21 日在素有"中国涉外第一区"之称的北京市朝阳区揭牌，选建在望京核心位置的朝阳国际人才交流服务中心，专门开辟 500 平方米、100 个工位的空间，为外国来华创新项目提供 12 个月免费入驻加速服务。为创业者直接对接资金、政策、空间考察、落地、孵化等资源，吸引来自美国、德国、法国、新加坡、印度、阿根廷等 50 多个国家和地区的创业者参与并分享在北京创业的心得与经验。①

2019 年 6 月 15 日，中外 20 个知名文化产业园区②倡议发起的国际文化产业园区发展联盟在北京成立。联盟将引导成员单位遵循国际规则和市场规律增强社会责任、维护行业良好风尚；促进海内外文化产业园区（企业）间多种形式的合作和经济联合，促进国际文化产业项目合作。联盟是非营利性协同发展组织，致力于搭建国际文化产业交流服务平台，建立全球各国文化产业园区（街区、项目）间全方位、多渠道的互动合作机制，推动文化产业领域创新，促进经济持续健康发展。国际文化产业园区发展联盟秘书处设在中国文化产业协会，负责联盟日常的管理运营工作。联盟将发挥"集智、聚才、研究、培育、交流、共享"六大职能，促进国内外文化产业园区（街区、项目）在项目资源、产业研究、

---

① 外籍"创客"在北京可享一年免费入驻等服务 [EB/OL]. 中国新闻网，http://www.chinanews.com/gn/2018/07-21/8575043.shtml，2018-07-21.

② 国外知名园区和项目共十个，分别为创意克罗伊登（英国克罗伊登地区文化产业发展计划）、莎士比亚的英格兰（英国）、斯特拉特福市（英国）、InGAME 游戏研发中心（英国）、"创意北京—柏林"（德国柏林自由大学文化产业发展计划）、莱北克（RBH）艺术中心（德国）、柏林木材厂文化产业园（德国）、瓦尔塔纳咨询（荷兰）、阿姆斯特丹文化孵化基地（荷兰）、韩国文化产业振兴院；中国知名园区十个，分别是北京 798 艺术区、751D·PARK 北京时尚设计广场、北京尚 8 文化产业园、上海德必 WE 国际文化创意中心（外滩）、天津国家动漫产业综合示范园、河北美术学院东方文化创意产业基地、西安老钢厂设计创意产业园、江西景德镇陶溪川文创街区、广州羊城创意产业园、杭州 LOFT49 创意产业园。

智库服务、政策解析、成果推介等方面资源共享、合作共赢和协同发展。今后，将发挥国际文化产业园区发展联盟的平台作用，促进中外文化产业领域互学互鉴，服务首都全国文化中心、国际交往中心建设。

二、"一带一路"倡议下孵化器企业的定位与发展

（一）"一带一路"倡议为孵化器企业"走出去"创造了新空间和新机遇

"一带一路"倡议推出至今，中国已经和沿线 60 多个国家签署合作协议。随着"一带一路"建设的不断推进和创新驱动战略的深入实施，孵化器企业迎来了新的发展机遇。企业"走出去"还可在更广阔的国际市场上学习和借鉴国际市场的宝贵经验和创新技术，不断丰富产品内涵，提升质量效益，增强市场竞争力，开拓新的发展空间。孵化器企业在增加就业、促进增长、推动创新和增强市场活力等方面都可以发挥不可替代的关键作用。

"一带一路"是未来对于中国创业者来说是一个巨大的机会，但是我们一定要抱着服务于客户的心态。很多跨国公司的出发点不是很高傲地去把我的公司给你，它更多的是服务于客户。所以，我国的传统公司服务于东南亚国家时一定要有一个谦卑的心态：如何去寻找本地客户，如何利用我们的资源为他们服务。

（二）既要搞好企业经营、培育企业战略，也要遵循产业演变、摸准市场脉搏

要立志将企业培养为产业中的"隐形冠军"，关键还是要敢于把资金用于原创创新上的冒险，因为从投入成本、成长周期和失败风险等关键维度都要有高度的耐心，也需要企业有足够的决心、开阔的视野和注重长期发展的战略部署。得终端者得天下。对于中小微企业而言，从终端了解市场动向，在激烈的市场竞争中，把握市场的脉搏，找准发展的方向。"一带一路"其实是一个全球化的新阶段，是从部分区域的全球化向更加广阔的、更加互联互通的新的全球化迈进的一个努力和尝试。这样的一个倡议，不是一个国家的倡议，更像是邀请更多参与者参与进来的命运共同体或责任共同体，是一个共有的倡议。所以在这样的一个大背

景之下，很多中国企业"走出去"面临的几大问题，不仅是中国企业"走出去"的面临的问题，也是很多外国企业来中国面临的问题，比如说当地政策，法律法规，投资环境的熟悉，对市场调研的满意度我们都不是特别清楚。所以在这种情况下，虽然机遇很大，但是挑战也非常大。对于当地文化的了解是必修课，政策、法规、工商、税务都可以通过技术手段解决，对于文化的理解需要创业者自己去体会，这就是为什么不单单是大企业，可以"走出去"，如果我们有相应的资源和渠道，也有"走出去"的决心，现在的机会也非常大。

（三）大力加强国际科技合作，服务创新之路建设

加强与重点国际组织交流合作，积极吸引各类国际组织总部落户，建设好联合国教科文组织国际创意与可持续发展中心。聚焦价值链高端环节，积极吸引跨国公司地区总部在京发展。发挥首都高端智库集聚优势，进一步加强与"一带一路"相关国家重点大学、研究院所、国际学术组织等智库资源合作，发挥好北京市市长国际企业家顾问会议等平台作用，联合开展共建"一带一路"问题研究和研讨活动，为推动高水平对外开放提供智力支撑。

借助各种双边多边科技合作协议，近年来与美、英、俄、比、澳、以色列、欧盟等建立的"创新对话"机制和科技外交官网络渠道，以及发挥中国技术创业协会、中国国际科技合作协会和中国民营科技促进会等社团横向联合和对外渠道作用，拓展孵化器国际化工作。虽然当前国际关系存在不少不稳定因素，但国际科技合作是建立在相互需要的基础上，存在利益驱动特性，我们孵化器国际化工作要抓住有利时机，按"开放包容，共商共建共享"和"合作共赢"的精神开展一个新局面。

首先，我们看到了整个智能制造和产业互联网的机会；其次我们也看到了整个国际化的合作机会。笔者觉得谈到"一带一路"时，我们不要简单地理解为中国是把所谓的过剩产能或者优势产能输出给一些欠发达的国家。我们能看到越来越多发达国家也慢慢加入"一带一路"。所以笔者觉得"一带一路"本身实际上是中国整个国家的创新举措，某种程度上是要建立一个大的全球化的平台。这种平台带动的是投资，带动整个金融的投资，带动整个基础建设和整个技术的合作，带动了整个市场的融合。

（四）积极促进技术成果转移转化

深化与东盟、中亚、南亚、阿拉伯国家等技术转移中心合作，发挥中国国际技术转移中心、亚欧科技创新中心等平台作用，推进国际技术转移和成果转化。鼓励有实力的科技企业孵化器全球布局，设立海外分支机构，形成一批跨境创新孵化平台。促进国内外企业、高校院所、金融机构、知识产权机构以及其他技术转移服务机构之间的务实合作。积极推进"绿色丝绸之路"建设，鼓励科研机构、企业与"一带一路"相关国家开展节能环保、清洁能源、循环经济等方面技术研发和产业合作，积极应用推广先进国家成熟适用绿色技术、绿色材料和绿色装备。

"一带一路"沿线国家对我国高新区和孵化器所取的成功经验有着强烈的兴趣。《〈国家科技企业孵化器"十三五"发展规划〉的通知》（国科办高〔2017〕55号）就加快孵化器国际化步伐，加强创新创业的全球链接，支持孵化器"走出去"。鼓励中国孵化器开拓国际业务，设立海外孵化器，通过与国外高校、研究院所和国际技术转移机构合作，对接海外创业团队、投资机构，优选高科技项目。引导各类型孵化器注重链接全球创业资源，广泛开展海外资本、高层次人才、技术项目、跨境孵化等国际化交流与合作。对于我们的创新生态部门，比如说像大数据为主的这种创新"走出去"去做一些国际化、全球化的创业机会的发展。我们也是把围绕一些垂直的、典型的技术系统，比如说机器人的这种系统，还有5G的系统去做一些整合。

（五）深度融入国际创新体系，推进"一带一路"科技园区建设

当前，我国正在深入实施创新驱动发展战略，营造更好的创业孵化环境，孵化器事业正面迎良好发展机遇期，我国国际外交的有利形势，也为国际化提供了广阔的空间。落实国家"一带一路"科技创新合作行动计划，以"三城一区"为主平台，主动推进科技园区合作、共建联合试验室、技术转移和科技人文交流，成为推进共建"一带一路"创新合作网络的重要枢纽。

推动怀柔科学城重大科技基础设施向全球开放共享，成为全球科学家联合研发的重要支撑平台。支持重点科研机构与"一带一路"相关国家有特色和优势的科研机构建立联合实验室，搭建长期稳定的科研合作平台。鼓励企业与科研机构和高校合作，在相关国家建设研发中心，开

展关键核心技术研发和产业化应用研究。完善政府间科技创新合作机制和渠道，充分发挥重大项目对创新合作的引导作用，围绕关键技术领域开展研发合作。

发挥中关村国家自主创新示范区品牌优势和辐射带动作用，打造"一带一路"上的中关村。发挥国际科技园区协会作用，支持企业联合各类创新资源，在"一带一路"相关国家重点城市建设一批特色鲜明的科技园区，成为国内科技企业海外集聚的重要载体。优化布局中关村海外联络处，建设中关村海外孵化器等离岸服务机构，建设面向海外的创新创业中心和跨境创新孵化平台，推动国际国内创新资源双向流动。

（六）孵化器企业"走出去"应利用好境外各类协会、商会组织的桥梁纽带作用

"世界中小企业大会"① 可以作为中国孵化器企业走向世界的重要平台之一。在推进国际合作方面，充分发挥各类协会、商会组织和企业的桥梁纽带作用十分重要。这些组织和企业在增进交流、促进合作、协调关系、咨询服务、维权自律等方面为服务企业起到特殊支撑作用。中国孵化器企业可以借助这类平台充分发挥市场化、国际化、多元化的优势，为孵化器企业所在国企业提供技术创新支持。深入挖掘侨务资源，凝聚侨智，发挥侨力，共同参与"一带一路"建设。进一步拓宽孵化器企业合作领域、深化合作机制，推动中国孵化器企业与各国同行实现共同发展。

（七）强化风险防范和安全保障

在"一带一路"建设中，孵化器企业家要充分发挥市场敏锐、机制灵活的特点，遵循市场规律，遵守所在国的法律法规，履行好必要的社会责任，保护好当地生态环境，树立中国企业的良好形象。同时，既要了解境外投资环境与可能面临的经营、财务、汇率、技术条件与服务等市场风险，也要了解可能遭遇当地政局动荡、政策法律、文化差异、语言交流等非市场风险，投资国知识产权、核心技术相关的法律和经济安全风险，以及劳工、环保、社区关系等方面存在的隐性风险等。

我们觉得"走出去"应该根据孵化器企业的业务发展需要，不是为

---

① 王钦敏. 2019 第二届世界中小企业大会发言 [EB/OL]. http：//www.zxsx.org/new.asp?id=12929，2019-06-23.

了"走出去"而"走出去",一般来讲特别小的公司实际上不适合"走出去"。第一,因为对一个创业公司来说很清楚自己资源有限,品牌没有大企业那么强,所以要集中精力把现在国内的市场做好,对于一个陌生的市场要花很多时间去了解,要花更多的资源。第二,"走出去"还是有很多的风险的。"走出去"的企业要从宏观上对市场上的政治、经济情况及市场需求有一个很清楚的掌握。举个有趣的例子,比如说马可波罗写《西行漫记》的时候,他觉得中国人太多了,如果每一个人买一个睡帽,你能够卖很多,但是中国人睡觉根本不戴睡帽。所以过去成功的案例更多的是在大公司,因为有资源和品牌可以教育这个市场。

完善安全风险评估、监测预警、应急处置"三位一体"的海外安全保障体系。加强涉外突发事件应急指挥机制建设,有效发挥本市境外安全服务平台作用,组建涉外应急救援队伍,鼓励引导有实力的安保企业在"一带一路"相关国家、地区提供专业化服务。建立和深化与上海合作组织成员国、周边重点国家首都警方的双边合作,共同构建"一带一路"安全屏障。引导企业有序参与"一带一路"建设,规范企业投资行为,加强国有企业境外投资监管。加强国际商事纠纷解决能力建设,促进完善"一带一路"争端解决机制,发挥北京仲裁委员会/北京国际仲裁中心作用,加强中非联合仲裁中心建设,探索跨国仲裁合作联结机制;发挥"一带一路"国际商事调解中心等社会服务机构的作用,多元化解企业矛盾纠纷。

第八节 结语

一、传统企业孵化器与创新型孵化器交叉重合发展

企业孵化器与创业孵化器的侧重点:企业孵化器注重对企业进行全方位、全流程的孵化服务,贯穿创业、运营、管理和各个发展阶段孵化;而创业孵化器主要针对创业阶段孵化,把初创企业导入正轨,主要服务在于配套设施服务、企业外包服务。创业孵化器可以为初创企业开源节流。

众创空间除具有企业孵化器的功能外,对于社会的教育、经济以及

创新文化的发展也有着重要作用，其发展定位、服务设施、商业模式与企业孵化器也存在显著差异。众创空间的这一波"高歌猛进"，是承继20世纪90年代科技企业孵化器的起步阶段、21世纪前十年的成长阶段之后的"进化"阶段。2009年以后，以中关村涌现出的创新型孵化器为代表，开始脱离高新区、科技园等国资背景和高校背景的传统孵化器模式，民营资本开始大量介入，到众创空间在全国兴起，民营资本主导下的创业服务体系将成行业主导。可以认为创客空间既是企业孵化器存在的基础又是其功能的延续。

众创空间为创业者提供了工作空间、网络空间、社交空间和资源共享空间，是在调研孵化器基地的基础上提出的新词，其实质就是孵化器，更确切地说，应该是孵化器的延伸和再升级，它更注重对创新2.0时代众创趋势的把握与适应，比孵化器也更注重现代网络技术环境的应用，更加便利、更具开放性，也更加先进，更加具备政策上、成本管控上等多个方面的优势。

此外，探索创新与合规之间的关系。我们都知道创新需要有空间的，合规边界也是很清晰的，当然现在合规的边界会有一些模糊之处，金融机构也要关注支持对文化创意产业孵化器边界的把握，学界、监管部门共同把握好这个边界。

现在人们也在思考重要的平台型企业到底对竞争产生了怎样的影响，对创新产生了怎样的影响。新技术的发展一方面带来了更大的效益，另一方面其造成的垄断又将阻碍创新，所以对创新又可能带来负面影响，我们面临两难的问题。

二、着力建设文化创意产业金融服务体系

（一）做好文化创意产业金融服务

要实现文化创意产业的发展，需要多方努力，形成政府、文化企业、研究机构和金融资本同频共振、多维一体的发展模式，打通文化创意产业金融支持的脉络；完善文化创意产业金融中介服务体系，促进文化创意金融一体化，探索发展无形资产抵押贷款业务，开发文化消费信贷产品。着力建设文化创意产业金融服务体系，做好文化创意产业金融服务，

使金融更好地为文化创意产业服务，为经济、文化的发展服务。

（二）借鉴金融支持文化产业发展的国际经验

北京市可借鉴美国市场导向型的金融支持模式、英国政策导向型的金融支持模式和日本政府导向型的金融支持模式。

各地区资源禀赋的，只要能推陈出新，与时俱进。有着不一样的轨迹，却又能各自创造自己的经济奇迹。更多种的模式竞争不仅仅在中国发生，在全球范围内也有很多类似的模式竞争。也许我们的未来，京津冀、珠三角和长三角，也将走向这样的竞争状态。模式竞争的结果，往往确实不是谁压倒谁，而是在一个国家内，保持开放的态度，允许各种机制并行。这样能不断遴选，进化出最适合发展的模式。目前的中国，所有的省份都是同样的体系。就这点而论，我们需要向美国学习，在单一体系下，往往制度进化的方向，就会显得单一而狭窄了。组织内允许对抗，允许竞争，才会发掘出更多的可能性。

三、价值共生

"价值共生"就是要构建生生不息的生态网络。就像海尔集团，专门成立了创业孵化平台，采用"孵化+创投"的模式，提供创客服务、创客工场、创客金融、创客学院、创客空间、创客渠道等，帮助创业者。

同样，阿里巴巴成立了阿里巴巴创投中心，现在有 28 个孵化中心，孵化了 400 多家互联网初创企业。西门子、亚马逊也是一样。西门子 Mind Sphere 就是一个工业生态圈平台，为各类工业企业提供开发环境，帮助西门子圈里的企业成长。亚马逊的 AWS 是云计算的鼻祖，为企业提供云计算、人工智能等技术，造就了亚马逊生态系统的繁荣昌盛。

生态企业所构建的平台就是生态系统中的"黑土地"，通过平台，生态企业可赋能更多的中小企业，帮助它们快速成长，"价值共生"，进而人人都能获益。未来的企业，要么生态化，要么被生态化。未来 30 年，企业管理者需要坚持"价值共生"这一核心原则[①]。

---

① 曹仰锋. 第四次管理革命：转型的战略［M］. 北京：中信出版社，2019.

参考文献

外文文献

[1] Caves, R. Creative Industries: Contracts between Art and Commerce [M]. Cambridge: Harvard University Press, 2002.

[2] Howkins, J. The Creative Economy: How People Make Money from Ideas [M]. London: Penguin Press, 2001.

[3] Schmookler, J. Invention and Economic Growth [M]. Cambridge: Harvard University Press, 1966.

[4] UNCTAD. Creative Economy Report 2008 [R]. Geneva: UNCTAD, 2008.

中文文献

[1] 艾青, 周雪. 孵化器、加速器及科技产业园比较研究 [J]. 科技创业月刊, 2012 (8): 10-11.

[2] 艾昕. 文化创意产业, 又一个掘金时代 [J]. 工业设计, 2011 (12): 12-21.

[3] 北京市发展和改革委员会. 北京市"十一五"文化创意产业发展规划 [R]. 2007.

[4] 北京市国有文化资产监督管理办公室, 中国传媒大学文化发展研究院. 北京文化创意产业发展白皮书 (2016) [Z]. 2016.

[5] 北京市人民政府网站, http://www.beijing.gov.cn.

[6] 北京银行网站, http://www.bankofbeijing.com.cn/.

[7] 常玉娥. 浅议文化创意产业及其辐射影响力 [J]. 当代经济, 2012 (21): 58-60.

［8］陈倩，严婷婷，张蕊等．北京市文化产业发展研究［J］．合作经济与科技，2017（23）：8-10.

［9］陈粟．企业孵化器与技术创新［D］．厦门：厦门大学，2006.

［10］陈小浪，王继明．企业孵化器发展与物业服务创新［J］．山西科技，2014（6）：27-29.

［11］陈正军，邬华．陶瓷文化创意产业背景下景德镇陶瓷文化旅游研究［J］．现代装饰（理论），2013（12）：196.

［12］程立茹．文化创意产业金融创新问题研究［M］．北京：中央民族大学出版社，2014.

［13］创意产业特别工作组．英国创意产业路径文件［Z］．1998.

［14］戴春，倪良新．基于创业生态系统的众创空间构成与发展路径研究［J］．长春理工大学学报（社会科学版），2015（12）：77-80.

［15］邓淑华．25年"蝶变之旅"北京孵化器砥砺前行［N］．中国高新技术产业导报，2014-10-20.

［16］杜亚．法律视阈下文化创意产业融资问题研究［D］．上海：上海大学，2017.

［17］方喆．基于企业生命周期的创业社区生长模式探讨［J］．经营管理者·下旬刊，2017（3）.

［18］冯美琪．北京地区时尚企业孵化器运营模式的研究［D］．北京：北京服装学院，2018.

［19］冯霞．北京文化创意产业发展现状、问题及对策研究［J］．中国管理信息化，2015，18（5）.

［20］高天光．科技企业孵化器产业化发展的制度激励［D］．太原：山西大学，2006.

［21］龚伟．孵化器与风险投资——论企业抚育与风险资本的融合［J］．中国高新区，2006（5）：63-65.

［22］关祥勇．创意企业与创意产业的共同演化研究［D］．西安：西北大学，2011.

［23］《关于推进文化创意产业创新发展的意见》（京发〔2018〕14号）.

［24］郭磊，郭田勇．科技企业孵化器的功能迭代与发展方向［J］．中国财政，2018（7）：59-61.

［25］郭松．山东省科技企业孵化器的金融支持政策［D］．济南：齐鲁工业大学，2018．

［26］郭田勇，王鋆．推动我国高新产业发展的"孵化器+风险投资"模式研究［J］．中央财经大学学报，2006（11）：48-52．

［27］郭卫华．北京市文化创意产业的财税支持研究［D］．北京：北京大学，2009．

［28］贺亮，龚唯平．文化创意产业研究文献综述［J］．产经评论，2011（2）：15-22．

［29］胡志平．产业融合视角下我国文化金融服务的兴起与创新［J］．求索，2013（5）：20-22，63．

［30］黄斌．北京文化创意产业空间演化研究［D］．北京：北京大学，2012．

［31］回凤瑾．基于政策文本的京津冀会展产业政策研究［D］．天津：天津商业大学，2017．

［32］姬新军．北京市文化创意产业发展问题研究［D］．长春：东北师范大学，2015．

［33］姜玲．中国城市创意产业发展研究［D］．厦门：厦门大学，2009．

［34］蒋三庚，王晓红，张杰．创意经济概论［M］．北京：首都经济贸易大学出版社，2009．

［35］蒋三赓，王晓红．文化创意产业研究［M］．北京：首都经贸大学出版社，2006．

［36］解旖媛．文化传媒投资热度升温［N］．金融时报，2019-02-14．

［37］金元浦．创意产业的全球勃兴［J］．社会观察，2005（2）：22-24．

［38］景俊海，靳辉，赵景．科技企业成长与企业孵化器［M］．西安：西北工业大学出版社，1998．

［39］科技部火炬中心网站，http：//www.ctp.gov.cn．

［40］孔德兰．中小企业融资结构与融资策略研究［M］．北京：中国财经经济出版社，2009．

［41］孔建华．十年来北京文化经济政策的演变［J］．新视野，2008（4）：46-49．

［42］兰建平，傅正．创意产业、文化产业和文化创意产业［J］．浙江经济，2008（4）.

［43］李柏峰．北京文化创意产业发展存在的问题及对策建议［J］．科技创新与生产力，2013（12）：16-20.

［44］李景元．中国灰领　知识经济时代的高技能操作与现场管理阶层［M］．北京：中国经济出版社，2005.

［45］李昕．高校科技企业孵化器评价因素研究［D］．武汉：华中科技大学，2005.

［46］李燕萍，李洋．科技企业孵化器与众创空间的空间特征及影响因素比较［J］．中国科技论坛，2018（8）：49-57.

［47］李志能．关于创新系统和新创企业孵化的关系［J］．上海经济研究，2001（1）：54-58.

［48］李志祥，宋清．科技型创业企业孵化资源配置模式研究［J］．北京理工大学学报（社会科学版），2011，13（3）：1-4.

［49］厉无畏．创新金融服务，支持文化创意产业发展［J］．中国浦东干部学院学报，2014（1）：5-8.

［50］梁云志，司春林．孵化器的商业模式研究：理论框架与实证分析［J］．研究与发展管理，2010（1）：43-51，67.

［51］林强，姜彦福．中国科技企业孵化器的发展及新趋势［J］．科学学研究，2002（2）：198-201.

［52］刘佳薇，徐光宜，郑淑洁．众创空间塑造创新创业新生态［J］．中国经济报告，2015（9）：75-77.

［53］刘义．论文化创意产业发展之构想［J］．时代报告，2011（1）.

［54］刘志迎，陈青祥，徐毅．众创的概念模型及其理论解析［J］．科学学与科学技术管理，2015（2）：52-61.

［55］陆羽中．区域创意产业集群风险评价研究［D］．上海：上海工程技术大学，2015.

［56］吕学武，范周．文化创意产业前沿［M］．北京：中国传媒大学出版社，2007.

［57］罗向兼．从创业孵化链条看众创空间［J］．美与时代，2016（7）：45-46.

［58］牛维麟，彭翊．北京市文化创意产业集聚区发展研究报告［M］．北京：中国人民大学出版社，2009．

［59］秦珊珊．北京发展文化创意产业的金融支持研究［J］．人力资源管理，2017（1）：198-199．

［60］盛婕．什么是企业孵化器的产品［J］．时代金融，2017（17）：143，150．

［61］施勇峰，陈夙．浙江科技企业孵化器转型升级的对策研究［J］．科技管理研究，2015（12）：76-79．

［62］束俞俊，汤楠，汪传雷．文化创意产业文献综述［J］．中国商界，2010（4）：70-71．

［63］苏竣，姚志峰．孵化器的孵化——三螺旋理论的解释［J］．科技进步与对策，2007（3）：1-3．

［64］孙玉华，陈金华．北京市文化创意产业集聚区空间特征探析［J］．福建农林大学学报（哲学社会科学版），2014（2）：77-82．

［65］谭成章．科技企业孵化器成长的影响因素研究［D］．大连：大连理工大学，2006．

［66］投中研究院．众创空间在中国：模式与案例［J］．国际融资，2015（6）：47-51．

［67］涂永红．在创新中破解文化产业融资难题［J］．理论研究，2012（7）：93-94．

［68］王光磊．科技企业的二次孵化体系构建及运作模式研究［D］．大连：大连理工大学，2009．

［69］王文，王军霞．北京文化创意产业政策探析［J］．中国国情国力，2017（12）：58-61．

［70］王文佐．我国科技企业孵化器的相关政策解读——以北京市中关村国家创新示范区为例［J］．中国管理信息化，2017，20（14）：198-199．

［71］王希良．科技企业孵化器绩效评价研究［D］．天津：天津大学，2012．

［72］王佑镁，叶爱敏．从创客空间到众创空间：基于创新2.0的功能模型与服务路径［J］．电化教育研究，2015（11）：5-12．

［73］王忠．科技企业孵化器合作与激励研究［D］．天津：天津大学，2011．

[74] 魏泽华. 创意产业孵化器知识服务研究 [D]. 北京：北京交通大学，2014.

[75] 吴贻康. 中国高新技术产业导报 [N]. 2017-09-18 (7).

[76] 肖健. 中国企业孵化器营运模式探讨 [J]. 科技管理研究，2002 (2)：6-9.

[77] 徐丹丹，孟潇，卫倩倩. 文化创意产业发展的文献综述 [J]. 云南财经大学学报，2011 (2).

[78] 徐丹丹. 北京文化创意产业发展的金融支持研究 [M]. 北京：经济科学出版社，2011.

[79] 徐力生. 北京全方位保障文化创意产业发展 [J]. 投资北京，2008 (1)：64-65.

[80] 徐菱涓. 我国科技企业孵化器绩效评价与实证研究 [D]. 南京：南京航空航天大学，2010.

[81] 徐思彦，李正风. 公众参与创新的社会网络：创客运动与创客空间 [J]. 科学学研究，2014 (12)：1789-1796.

[82] 徐优丽. 文化创意产业研究评述 [J]. 价值工程，2018 (18).

[83] 杨珺，卢金鹏. 基于聚类分析的科技产业孵化器运作模式研究 [J]. 科技进步与对策，2009 (9)：82-85.

[84] 杨丽青，孙文琛. 北京文化创意产业供给侧改革 [J]. 科技智囊，2018 (5)：74-83.

[85] 杨丽欣. 论国外创意产品贸易的发展及对中国的借鉴 [D]. 长春：吉林大学，2008.

[86] 杨守德. 黑龙江省科技企业孵化器孵化能力研究 [J]. 北方经贸，2013 (12)：89，93.

[87] 姚东旭. 文化创意产业的界定及其意义 [J]. 商业时代，2007 (8)：95-96.

[88] 易淼. 中国企业孵化器管理模式研究 [D]. 武汉：武汉理工大学，2004.

[89] 尹洪英，权小锋. 科技企业孵化器转型及功能提升的政策建议——以江苏省为例 [J]. 北方经贸，2016 (12)：56-58.

[90] 袁帅. 文化创意产业的概念及内涵研究 [D]. 沈阳：沈阳航空工业学院，2009.

［91］张超英，张景安. 我国科技企业孵化器发展的回顾与展望——为科技产业化插上腾飞的翅膀（下）［J］. 中国科技产业，1999（10）：52-55.

［92］张超英. 我国科技企业孵化器发展的回顾与展望——为科技产业化插上腾飞的翅膀（上）［J］. 中国科技产业，1999（9）：20-23，26.

［93］张京成，王国华. 北京文化创意产业发展报告（2011）［M］. 北京：社会科学文献出版社，2012.

［94］张娜. 众创空间——互联网+时代本土化的创客空间［J］. 科协论坛，2015（10）：22-25.

［95］张清瑶，刘一，刘高贵等. 北京市文化创意产业金融支持情况调查研究报告［J］. 时代金融，2015（6）：281-282，284.

［96］赵玉海. 创意产业孵化器知识服务研究［D］. 南京：河海大学，2006.

［97］赵云峰. 产业融合视角下我国文化金融发展对策研究［J］. 中国管理信息化，2017（17）：127-128.

［98］中关村国家自主创新示范区网站，http：//www. bj. xinhua-net. com.

［99］中国孵化器网站，http：//www. cnfuhuaqi. com.

［100］中国人民银行，中国银保监会. 中国小微企业金融服务报告（2018）［R］. 2019.

［101］中央经济工作会提 2015 年经济工作 5 项任务［EB/OL］. 中国青年网，http：//news. youth. cn/jsxw/201412/t20141211_6231371. tml，2014－12－11.

［102］周锦，张苏秋. "互联网+"下的文化创意产业的发展模式分析［J］. 现代经济探讨，2017（3）：73-77.

［103］竺照轩. 浙江杭州文化创意产业的发展及策略研究［D］. 杭州：浙江工业大学，2010.

［104］宗杜强，徐怀伏. 孵化器运营模式比较研究［J］. 现代商贸工业，2014（6）：30-31.

［105］左永刚. 雄安股交所属于区域交易所定位范畴［N］. 证券日报，2019-01-26.

后　记

本书是在专家学者先行研究成果的基础上，采用比较分析研究等方法，围绕金融支持文化创意产业及企业孵化器的发展问题，通过深度透析政府、社会、企业和个人的现实需要，表明金融支持文化创意产业发展的合理性，并尝试提出具有建设性的思路与建议。

该项成果的完成，首先，要感谢北京市教委共建项目《北京市创意产业小型企业公共服务孵化器研究》的专项资助，项目的获批是对笔者研究的肯定；其次，要感谢笔者所在单位的支持；再次，要感谢我的研究团队，特别是张琦和王曦两位教授；最后，要感谢经济管理出版社王光艳编辑的督促与支持。

本书的完成代表着这一阶段研究的结束，但也预示着新研究的开始。对于本书研究的相关领域、学界的最新动态和研究成果，笔者会继续跟进，继续砥砺前行。时光不会止步，学术未有穷期，正可谓人生有涯，学术无涯。

限于我们的研究功底和研究水平，本书难免存在着不足与缺陷，我们衷心希望得到您的批评与指正。